Le contentieux électoral au Congo

Collection « Études africaines »

dirigée par Denis Pryen et son équipe

Forte de plus de mille titres publiés à ce jour, la collection « Études africaines » fait peau neuve. Elle présentera toujours les essais généraux qui ont fait son succès, mais se déclinera désormais également par séries thématiques : droit, économie, politique, sociologie, etc.

Dernières parutions

Joseph KOKOLO ZASSI, *La démocratie en Afrique noire : les contours de son enracinement, Le cas du Congo-Brazzaville*, 2019.

Gampoko DUMA DI BULA, *Dictionnaire étymologique lingala – français, français – lingala, Yikaloba*, 2019.

Méké MÉÏTÉ (dir.), *Le peuple mandéka et la charte de Kurukan Fuga*, 2019.

Gaston Dyndo ZABONDO, *Démocratie et Ethique, Émancipation politique et sociale de l'Afrique*, 2019

Gilbert TSHILUMBA KALOMBO, *RD Congo, Syndrome d'un échec politique*, 2019.

Kayamba TSHITSHI NDOUBA, *Le néoconstitutionnalisme africain. Tendances et trajectoires*, 2019.

Éric Wilson FOFACK et François-Xavier ÉLONG FILS (dir.), *Cameroun, les dynamiques de construction du leadership en Afrique centrale, Regards croisés,* 2019.

Alain Roger PEGHA, *Survivances de la culture égypto-nubienne chez les Bantu. Essai sur les fondements pharaoniques de la renaissance africaine*, 2019.

Georges DUPRÉ, *Koto, l'égalité nécessaire, Savoir et pouvoir dans une société clanique, Les Nzèbi du Congo et du Gabon*, 2019.

Arthur VIDO, *Biographie du roi Kpengla du Danhomè*, 2019

Claude IGUMA WAKENGE, *Stade coltan, Extraction minière artisanale, réformes et changement social à l'est de la République démocratique du Congo,* 2019.

Odilon OBAMI

Le contentieux électoral au Congo

L'Harmattan

Du même auteur :

Pamphlet contre le tribalisme au Congo, Edilivre, Paris, août 2016.

Dans l'ombre d'une sirène, Edilivre, Paris, septembre 2016.

La Rose (Recueil de poèmes), Edilivre, Paris, mars 2017.

Plaidoyer pour le changement des mentalités au Congo, L'Harmattan, Paris, mars 2017.

L'évolution des droits de la femme congolaise, L'Harmattan, Paris, juillet 2018.

5-7, rue de l'Ecole-Polytechnique, 75005 Paris

http://www.editions-harmattan.fr

ISBN : 978-2-343-18830-0
EAN : 9782343188300

A ma nièce Belvy, recalée lors des dernières élections locales du 16 juillet 2017 à Brazzaville, alors qu'elle méritait un meilleur sort en vertu des éléments objectifs qui président à toute élection régulière. Pire, la requête introduite devant le tribunal administratif de Brazzaville, après un recours administratif préalable auprès du ministère de l'intérieur, est restée sans réponse. C'est, entre autres, cette énigme enrobée d'injustice qui m'a inspiré pour écrire ce livre afin d'éveiller les consciences sur le contentieux électoral au Congo.

Les irrégularités sont aux élections ce que la silhouette est à l'homme ou ce que la radioactivité est à l'uranium !

C'est sans préciosité ni litote que cette assertion est martelée d'entrée à l'aune de ce que les Grecs appelaient « la parrhésiaque », c'est-à-dire le parler vrai. A l'opposé des uns, certaines gens la trouveraient exagérée. Soit ! Et pourtant, il y a une part de vérité dans cette affirmation dans la mesure où, d'une façon générale, aucun scrutin n'est parfait comme toute œuvre humaine. Il est souvent entaché d'imperfections, dont l'ampleur est variable selon le niveau de gouvernance électorale propre à chaque pays démocratique. Les grandes et vieilles démocraties paradigmatiques auxquelles nous nous référons n'échappent pas non plus aux griffes acérées de la contestation des résultats d'élections, à tort ou à raison, qui suscite le contentieux électoral. Contrairement à nos jeunes démocraties, c'est la manière d'agir et de régler ce contentieux qui diffère. Chez nous les uns exercent les voies de recours requises aux fins de règlement du contentieux ; tandis que d'autres y refusent systématiquement faisant souvent recours à la violence, car ils doutent de la fiabilité de la justice. Ce qui témoigne du niveau d'éducation, de culture démocratique et de culture judiciaire des uns et des autres.

INTRODUCTION

Le 15 septembre 2017 à 10h00 s'était ouverte à la Cour constitutionnelle, sise à Brazzaville, l'audience relative aux recours en annulation exercés par les candidats malheureux aux dernières élections législatives du 16 juillet 2017. Durant deux semaines, les différentes parties au contentieux se succédaient à la barre pour relater librement les faits et répondre aux questions des juges ; soit personnellement, soit par l'intermédiaire de leurs avocats ou autres représentants légaux. La salle était comble dans une ambiance tendue où les caméras et les appareils photos se disputaient la vedette, et étaient focalisés sur les objectifs afin de capturer quelques séquences à immortaliser. Ceux qui n'ont pas pu y accéder, faute de places suffisantes, étaient obligés de suivre les audiences dans le hall de la Cour constitutionnelle à travers les baffles installées à cet effet. A l'intérieur comme à l'extérieur, la force publique était mobilisée pour assurer la sécurité des audiences. Après avoir appelé et entendu les parties, conformément aux exigences élémentaires du droit à un procès équitable, dont le sacro-saint principe du contradictoire en constitue un pilier solide, les juges procédèrent à l'examen minutieux des 53 requêtes introduites par les requérants.

Par la décision rendue le 29 septembre 2017, la Cour constitutionnelle rejeta toutes les requêtes introduites par les différents demandeurs aux motifs variables selon les circonstances de la cause.

D'une part, du point de vue de la forme, certaines requêtes n'étaient pas conformes aux conditions requises pour leur recevabilité. D'autre part, du point de vue du fond, certaines allégations n'étaient pas étayées de preuves ou l'étaient insuffisamment ; ou encore l'étaient suffisamment, mais les irrégularités constatées n'étaient pas de nature à changer de manière déterminante le résultat final. Aussi, certaines demandes formulées par les requérants ne relevaient-elles pas de la compétence de la Cour constitutionnelle ou avaient-elles été purement et simplement abandonnées du fait du désistement de certains plaideurs. L'annonce de la décision de la Cour tombait donc comme un couperet, suscitant des états d'âme aussi variés que l'étaient les motifs qui fondaient le rejet des requêtes. Comme dans tout procès, les uns jubilaient parce qu'ils avaient gagné tandis que d'autres s'en indignaient parce qu'ils avaient perdu. Les gagnants rendaient hommage à la justice d'avoir œuvré en toute indépendance et réitéraient leurs remerciements à l'endroit des électeurs qui leur firent confiance lors des élections querellées. Les perdants fustigeaient une justice accusée de partiale et soumise à l'influence délétère du pouvoir. Au-delà des litigants, les observateurs attentifs avaient aussi des avis partagés. Les uns, en faveur de la Cour constitutionnelle qui a tranché conformément au Droit dans la mesure où ses décisions sont justement motivées. Les autres, en défaveur de la Cour accusée de manque d'impartialité et d'être aux ordres du pouvoir. Entre ces deux franges antagonistes, il est d'autres observateurs qui font preuve d'attention pointue, d'objectivité républicaine et de rigueur intellectuelle acérée. Ainsi, ils n'accusent ni n'encensent systématiquement. Ils soumettent les faits à l'épreuve du Droit, afin de juger objectivement de la pertinence des décisions rendues par la Cour constitutionnelle. Or, ce qui permet de juger objectivement de la pertinence d'une décision de justice, c'est sa motivation qui en constitue la base juridique. C'est dans le champ visuel de ces juges objectifs qui jugent les juges et les parties que s'inscrit l'approche adoptée par ce livre, afin d'éclairer la lanterne de nos compatriotes embastillés dans le subjectivisme, le déficit de culture démocratique et de culture judiciaire.

Au Congo, le contentieux électoral existe incontestablement et ne saurait évidemment être réduit qu'aux dernières élections législatives et locales qui s'étaient tenues le 16 juillet 2017. La référence à ces élections se justifie simplement par le fait qu'elles sont les plus récentes et constituent donc une sorte de baromètre qui nous permet de juger de l'état d'avancement de notre démocratie et surtout le niveau de la gouvernance électorale. Aussi, constituent-elles un maillon essentiel de la jurisprudence accessible en matière de contentieux électoral au Congo, car en dehors de la Cour constitutionnelle, il est difficile de trouver quelques bribes de décisions relatives au contentieux électoral.

Ceci étant dit, le but de ce livre n'est pas de faire un commentaire exclusif de ces dernières élections qui avaient clos un processus d'élections générales débutées par la présidentielle du 20 mars 2016 suite à l'adoption de la nouvelle Constitution promulguée le 06 novembre 2015. Il s'agit simplement ici de tenter de faire une étude exhaustive sur le contentieux électoral au Congo, dont les décisions de la Cour constitutionnelle du 29 septembre 2017 serviront de pivot, afin de traiter un sujet très important qui a fait couler beaucoup d'encre, de salive et même de sang et continue d'ailleurs à en faire couler davantage. Tant le contentieux électoral suscite des fantasmes loufoques, attise les passions diverses et témoigne du déficit de culture démocratique et de culture judiciaire de l'épaisse majorité des Congolais.

Le contentieux électoral est l'ensemble des litiges nés des opérations électorales tout au long de son processus, c'est-à-dire depuis les actes préparatoires jusqu'à la proclamation des résultats provisoires. Les causes qui le génèrent sont multiples et découlent des errements susceptibles de vicier les différentes opérations électorales. Son objet est strictement déterminé par la loi.

Historiquement, il convient de remonter à la restauration de la démocratie au Congo en 1990 pour mesurer l'ampleur du contentieux électoral suite aux élections variées et successives qui furent organisées dans notre pays. Il y appert que de 1992 à 2017, soit pendant un quart de siècle d'épreuve démocratique, plusieurs scrutins organisés au Congo avaient donné lieu à un abondant contentieux électoral aux conséquences parfois dramatiques, dont le point morbide et culminant fut atteint lors des législatives anticipées de 1993. En effet, après l'élection présidentielle de 1992 qui consacra la victoire du Président Pascal Lissouba contre Bernard Kolelas, au deuxième tour, à raison de 61% pour le premier contre 39% pour le second, un nouveau pouvoir se mit en place pour présider aux destinées du pays. Mais, l'Assemblée nationale ayant été dissoute moins d'un an après les législatives à la suite d'une motion de censure déposée par l'opposition, des élections législatives anticipées furent organisées afin de déterminer une nouvelle majorité. Cependant, les résultats de ce scrutin qui conféraient la victoire au pouvoir en place furent contestés par l'opposition. Saisie de ce contentieux, la Cour suprême donna raison au pouvoir au détriment de l'opposition. Ce qui suscita l'ire de cette dernière arguant que les juges saisis n'étaient pas indépendants, mais soumis à l'influence délétère du pouvoir. Le comble de ce manque de confiance dans la justice nationale aboutit même à l'intervention des juges ẹtrangers, afin de trancher le contentieux électoral congolais. Toujours en faveur du pouvoir. C'est ainsi que l'opposition ne voulant pas se plier aux décisions qui confortaient la victoire du pouvoir entra dans un rapport de forces âpre contre lui. Ainsi, elle organisa une manifestation pour exprimer son indignation. La répression infligée par la force publique était telle que le pays bascula malheureusement dans une guerre civile, en 93/94, aux conséquences atroces. Outre cette page sombre et ensanglantée de l'histoire de notre jeune démocratie, d'autres scrutins ont aussi donné lieu aux contentieux électoraux même s'ils n'avaient pas abouti à la même violence socio-politique.

Le contentieux électoral, qu'il débouche à la saisine ou non du juge compétent pour le trancher, n'est pas une spécificité congolaise. C'est un phénomène socio-politique qui sévit à l'échelle mondiale et dont l'ampleur varie selon le niveau de démocratie propre à chaque pays concerné.

En effet, c'est à la suite d'un contentieux électoral houleux relatif à l'élection présidentielle du 31 octobre 2010 en Côte d'Ivoire entre Alassane Dramane Ouattara, proclamé vainqueur par les organes compétents, et Laurent Gbagbo, Président sortant et contestataire de ces résultats, que ce pays bascula dans une crise socio-politique de grande envergure. Après que la communauté internationale était intervenue via l'activisme de la France, Alassane Dramane Ouattara fut conforté dans sa victoire, tandis que Laurent Gbagbo fut transféré à la Cour pénale internationale pour y être jugé puis libéré neuf ans plus tard.

Le Gabon n'échappa point aux effets pervers du contentieux électoral à l'occasion de l'élection présidentielle querellée du 27 août 2016, entre Ali Bongo et Jean Ping. Le premier fut proclamé Président de la République par la Cour constitutionnelle qui débouta le second. Nonobstant cette décision, le candidat malheureux, ancien Président de l'Union Africaine, la contesta vigoureusement. Même si ce contentieux n'avait pas entraîné des conséquences dramatiques, à l'aune de ce qui se passa en Côte d'Ivoire, force est tout de même de constater qu'il a manifestement affecté la cohésion nationale et abîmé l'image de ce pays.

En 2017, le Sénégal, le Kenya, l'Angola et le Libéria n'avaient pas été épargnés par la redoutable foudre du contentieux électoral. Ainsi, les élections législatives organisées au Sénégal, vieille démocratie africaine d'environ cinq décennies, le 30 juillet 2017 et qui consacrèrent la victoire du pouvoir en place incarné par le Président Macky Sall, suscita la contestation d'une partie de l'opposition incarnée par l'ancien Président Abdoulaye Wade. Contrairement aux pays cités précédemment ce contentieux n'avait pas, fort heureusement, donné lieu aux violences socio-politiques. En revanche, le Kenya avait connu une crise socio-politique majeure qui frisa la guerre civile à la suite d'un contentieux électoral. Après la proclamation des résultats de l'élection présidentielle du 08 août 2017 qui consacraient la victoire au premier tour du Président sortant, Uhuru Kenyatta, avec 55% des suffrages exprimés, son adversaire malheureux, Raila Ondinga, avec 45% des voix, contesta ces résultats pour fraudes. Saisie par ce dernier, la Cour suprême annula ces résultats dans un arrêt rendu le 1er septembre 2017 au motif que les irrégularités constatées avaient vicié le scrutin de façon déterminante. Aussi, fustigea-t-elle le manque d'impartialité des membres de la Commission électorale. Une première en Afrique ! A la suite d'un nouveau scrutin organisé le 26 octobre 2017, le Président sortant fut finalement déclaré vainqueur après que Raila Ondinga refusa d'y participer faute d'avoir obtenu le changement des membres composant la Commission électorale en place, dont le manque d'impartialité avait, entre autres motifs, entraîné l'annulation des résultats du premier scrutin. Malgré un faible taux de participation estimé à 39% et des protestations émaillées de violences graves, la Cour suprême confirma cette fois-ci la victoire du Président Uhuru Kenyatta estimée à 98%.

En Angola, l'élection présidentielle du 23 août 2017 remportée par le Président Joâo Lourenço était aussi contestée par l'opposition pour irrégularités. La Cour suprême saisie à cet effet rejeta le recours introduit par l'opposition et confirma la victoire du Président élu. Au Libéria, après le premier tour de la présidentielle du 10 octobre 2017, Georges Weah était arrivé en tête avec 38,04% devant le Vice-président sortant Joseph Boakai avec

28,08%. Ce dernier, bien que qualifié pour le second tour, contesta ces résultats pour fraudes. Saisie à cet effet, la Cour suprême rejeta ce recours au motif que « les fraudes avérées n'avaient pas d'effet contraire sur les résultats finaux ». C'est dire, en d'autres termes, que les fraudes constatées n'étaient pas de nature à changer le résultat final. Le deuxième tour organisé le mardi 26 décembre 2017 consacra la large victoire de George Weah élu brillamment, à 51 ans, Président de la République du Libéria avec 61,05% des voix, contre Joseph Boakai qui n'avait obtenu que 38,95%.

Au Mali, les résultats du premier tour de la présidentielle du 29 juillet 2018 avaient ouvert la voie à un deuxième tour entre le Président sortant, Ibrahim Boubacar Keita qui avait obtenu 41,42% et Soumaïla Cissé avec 17,80%. Ce dernier les contesta pour fraudes malgré sa présence au deuxième tour. Après une vingtaine de recours intentés par l'opposition, la Cour constitutionnelle les rejeta après le recomptage des bulletins de vote pour absence de preuves et non-respect des délais requis pour exercer un recours. Malgré la victoire au deuxième tour d'Ibrahim Boubacar Keita avec 67,17%, son adversaire malheureux continua encore de les contester en alléguant les fraudes massives. Il en est de même au Zimbabwé dont les résultats de la présidentielle du 31 juillet 2018 consacrèrent la victoire au premier tour du Président sortant, Emmerson Mnangagwa avec 50,80% contre 44,30% pour son principal opposant, Nelson Chamisa. Mais, ce dernier les contesta également pour fraudes et exerça un recours le 10 août 2018. Entre temps, les violences induites par les résultats des législatives du 30 juillet remportées par le pouvoir en place et contestés par l'opposition avaient déjà fait 6 morts. Dans une décision du 24 août 2018, la Cour constitutionnelle confirma la victoire d'Emmerson Mnangagwa.

Au-delà de l'Afrique, souvent stigmatisée et raillée du fait d'une démocratie jugée bancale ou balbutiante, il est des grandes démocraties paradigmatiques qui n'ont point échappé aux griffes acérées du contentieux électoral. Il s'agit notamment des USA et de la France. En effet, aux USA l'élection présidentielle de 2000 qui permit la victoire du républicain Georges Bush au détriment du démocrate Algore donna aussi lieu à un contentieux électoral retentissant du fait des irrégularités constatées. En France, les dernières législatives du 11 juin 2017 suscitèrent également un contentieux pour irrégularités entre une candidate malheureuse du parti « La France Insoumise » et l'ancien Premier ministre, Manuel Valls. Le Conseil constitutionnel rejeta le recours y afférent et confirma la victoire de ce dernier. Le plus rocambolesque, ce fut le contentieux résultant des élections internes à l'ancien parti de droite, UMP, en 2012 afin de désigner son nouveau Président. L'élection de Jean François Copé fut contestée par son adversaire François Fillon pour irrégularités flagrantes. Ce contentieux provoqua l'éclatement de ce parti qui connut un long passage à vide avant de se ressaisir. Désormais, il s'appelle « Les Républicains ». Auparavant, en 2007, le même contentieux de moindre ampleur, certes, déchira également le Parti Socialiste à la suite de l'élection interne pour la désignation de son nouveau Premier secrétaire. La victoire proclamée de Martine Aubry fut contestée par son adversaire Ségolène Royal pour fraudes.

Ce contentieux affecta également l'image de ce grand parti de gauche.

Comme on le voit, le contentieux électoral n'est pas une exclusivité africaine en général, et congolaise en particulier. Il existe partout, même dans les grandes et vieilles démocraties occidentales, car d'une façon générale aucun scrutin n'est parfait. La différence entre les grandes démocraties et les autres réside dans la manière de réagir et de régler ce contentieux. En Afrique, le premier réflexe, c'est souvent le recours à la violence et le manque de confiance dans les organes compétents pour connaître de ce contentieux. Dans les grandes démocraties, l'insatisfait utilise immédiatement les voies de recours légales. Comme dit plus haut, tout dépend donc de l'état d'esprit des uns et des autres largement influencé par le niveau d'éducation, de culture démocratique et de culture judiciaire ainsi que dans la confiance qu'ils ont dans la justice. Ce qui appelle inéluctablement des questions essentielles : Quelles sont les causes qui suscitent le contentieux électoral ? Quel est l'objet du contentieux électoral ? Comment doit-on régler le contentieux électoral ? Le mode de règlement actuel au Congo est-il efficace ? Que faire en perspective pour éviter les dérives qui causent le contentieux électoral au Congo ? C'est autour de ce kaléidoscope de questions que vont s'articuler les développements ultérieurs.

PREMIERE PARTIE :

LES CAUSES ET L'OBJET DU CONTENTIEUX ELECTORAL

Sous cette rubrique, il s'agit d'une part d'inventorier les causes qui sont à l'origine du contentieux électoral. Car, le contentieux électoral n'est pas « ex nihilo », c'est-à-dire qu'il ne naît pas de rien. C'est un phénomène social qui procède des faits sociaux. Ainsi, il convient de le replacer dans son contexte socio-politique et culturel afin d'en déceler les causes. D'autre part, il s'agit également d'étudier l'objet du contentieux électoral, c'est-à-dire ce sur quoi porte-t-il, afin d'en délimiter le domaine.

CHAPITRE I :

LES CAUSES DU CONTENTIEUX ELECTORAL

Comme dit plus haut, les causes qui génèrent le contentieux électoral sont multiples et perceptibles au travers des différentes étapes du processus électoral. Pour ce faire, il sied de passer en revue tout ce processus. Il s'agit donc des causes relatives aux défauts des opérations pré-électorales, des causes relatives aux défauts du déroulement du scrutin et de celles relatives aux défauts du dénouement du scrutin. Dans la pratique, ces causes ressortent des différentes allégations faites par les requérants aux fins d'annulation du scrutin contesté.

Section I : Les causes liées aux défauts des opérations pré-électorales.

Les causes relatives aux défauts des opérations pré-électorales concernent toutes celles qui peuvent surgir à l'occasion des actes préparatoires à l'élection. Mais, en droit positif congolais la loi électorale ne définit pas ce qu'on entend par « actes préparatoires ». Cependant, au regard de la doctrine et de la jurisprudence en la matière, les actes préparatoires peuvent être définis comme l'ensemble disparate des opérations administratives et logistiques qui concernent la préparation des élections. La loi électorale se contente simplement d'énumérer les actes préparatoires à travers l'article 106, en vertu duquel :

« Au sens de la présente loi, constituent des actes préparatoires :

- l'établissement et l'affichage des listes électorales ;
- la révision des listes électorales ;
- l'établissement et la distribution des cartes d'électeurs ;
- l'établissement des bulletins de vote et des formulaires ;
- la distribution du matériel électoral ;
- l'impression des logos et des emblèmes des candidats ;
- les candidatures. »

Comme on le voit, les causes relatives aux actes préparatoires sont donc tout fait ou acte quelconque qui affecte la fiabilité des opérations pré-électorales en général, et du fichier électoral y afférent en particulier. Bref, il s'agit sous cette rubrique des causes décelées en amont du processus électoral. Or, en amont, ce processus s'ouvre par les opérations préparatoires au scrutin en vue de l'établissement du fichier électoral après le recensement administratif préalable. Ce qui débouche inéluctablement au découpage électoral, à l'établissement des cartes électorales, à l'établissement des bulletins de vote et à l'impression des logos et emblèmes des candidats.

Paragraphe I : Les causes liées aux défauts relatifs au fichier électoral.

Le fichier électoral est simplement l'ensemble des données relatives aux élections, et contenues dans un document approprié. Ces données sont collectées à travers les différentes étapes des opérations pré-électorales, dont certaines séquences comportent les éléments utiles à l'organisation des élections. Ainsi défini, le fichier électoral comporte donc les listes électorales établies sur la base du recensement administratif préalable.

En effet, la préparation de toute élection commence par le recensement pré-électoral qui n'est rien de moins qu'un recensement administratif préalable, à ne pas confondre avec le recensement général de la population. Le recensement général de la population concerne le comptage des personnes vivant sur le territoire national. Au Congo, il est en principe fait tous les dix ans par le ministère de l'Intérieur. En revanche, le recensement pré-électoral est une opération administrative accomplie également par le ministère de l'Intérieur en vue d'établir le nombre d'électeurs, c'est-à-dire de citoyens congolais. Il ne se fait pas tous les dix ans, mais en prélude aux élections à venir. Force est de constater que le nombre d'électeurs dans un pays ne correspond pas au nombre de ses habitants. Il est toujours inférieur à la population générale parce qu'il ne concerne que les personnes qui ont le droit de vote. Ainsi, le Congo compte environ 5 millions d'habitants parmi lesquels il y a environ 2 millions d'électeurs. Il en va de même pour le Libéria qui compte 4 millions d'habitants pour 2 millions d'électeurs. Au Gabon, par exemple, il y a 1,7 million d'habitants pour environ 600.000 électeurs. En Tunisie, on compte officiellement 11,4 millions d'habitants pour 5 millions d'électeurs. En France, il y a environ 67 millions d'habitants pour 47 millions d'électeurs. En Inde, il y a environ plus d'un milliard et demi d'habitants pour 900 millions d'électeurs. Ce qui vaut à ce pays le qualificatif de « plus grande démocratie au monde ». Tous ces chiffres procèdent des derniers recensements opérés dans ces pays respectifs avant que ce livre ne soit publié. Ce qui est évidemment susceptible d'évoluer en perspective.

Ceci étant, le recensement pré-électoral dépend logiquement des résultats du recensement général. Quoi qu'il en soit, c'est après le recensement pré-électoral qu'on doit procéder à la mise place des listes électorales. Ces listes sont donc un préalable important à toute élection. Par conséquent, il incombe aux autorités compétentes de les confectionner. Ce qui suppose techniquement l'accomplissement de trois opérations spécifiques : la révision des listes électorales, l'établissement des listes électorales et leur affichage.

Au Congo, la confection des listes électorales relève de la compétence de l'administration électorale placée sous la tutelle du ministère en charge des élections, en l'occurrence le ministère de l'Intérieur. Concernant la révision des listes électorales, la compétence de le faire relève plus précisément des commissions administratives de révision des listes électorales. Aussi, de la Commission nationale électorale indépendante qui a, entre autres, la mission de contrôler et de suivre les opérations de révision des listes électorales à travers ses délégués. En ce sens, l'article 2 du Décret n° 2008-407 du 09 octobre 2008, qui modifie et complète le décret n° 2001-530 du 31 octobre 2001 portant création, attributions et organisation des commissions administratives de révision des listes électorales dispose que :

« Les commissions administratives de révision des listes électorales, placées sous l'autorité du ministre chargé des élections, sont chargées :

- de procéder d'office aux inscriptions, retranchements ou radiations de certaines catégories d'électeurs ;

- de statuer sur les demandes d'inscription, de modification, de retranchement ou de radiation qui leur sont soumises par les bureaux d'enregistrement ;

- de se prononcer sur les oppositions sur les listes électorales, ainsi que sur les actes et les faits entraînant la radiation desdites listes d'inscription ;

- de procéder à la répartition des électeurs par bureau et centre de vote ;

- d'arrêter par procès-verbal, suivant le modèle annexé au présent décret, la liste électorale de la circonscription ;

- de procéder à la correction d'erreurs matérielles éventuelles constatées sur l'identification des électeurs ;

- et, d'une manière générale, de coordonner et de superviser les opérations de révision des listes électorales au sein de la circonscription administrative. (…) »

En outre, l'article 2 bis du même décret prescrit que : « La commission nationale d'organisation, CONEL, assure le contrôle et le suivi des opérations de révision des listes électorales à travers ses délégués. » Comme on peut le constater, cet article n'est plus conforme à la loi électorale dans la mesure où il parle de la CONEL alors que cette institution n'existe plus et avait été remplacée par la Commission nationale électorale indépendante, CNEI, en 2016. Ainsi, en attendant la mise à jour de ce décret, il sied de lire « CNEI » à la place de « CONEL ».

Ceci étant, conformément à l'article 3 du décret n° 2012-26 du 06 février 2012 et à l'article 6 du décret n° 2008-407 du 09 octobre 2008, respectivement, chaque commission administrative de révision des listes électorales, composée d'un bureau et des membres, doit dresser une liste générale comprenant des listes particulières. Il s'agit de la liste des inscrits, de la liste des modifications, de la liste des retranchements et de celle des additions. Ensuite, toutes les opérations relatives à la révision des listes électorales débouchent tout naturellement à l'établissement desdites listes. En ce sens, l'article 14 du décret n° 2008-407 du 09 octobre 2008 prévoit que :

« A la fin de la procédure indiquée aux articles 9, 10, 11, 12 et 13, la commission administrative de révision des listes électorales arrête la liste des inscrits. Celle-ci est signée par tous les membres et déposée à la mairie ou au chef-lieu du district. »

Ce qui veut dire que malgré son appellation de « commission administrative de révision des listes électorales », son rôle réel n'est pas seulement réduit à la révision, stricto sensu, des listes électorales. Il s'étend aussi à l'établissement, sous le contrôle et le suivi de la Commission nationale électorale indépendante, des listes électorales et de les transmettre aux autorités chargées de poursuivre les opérations pré-électorales.

Il résulte donc de tout ce qui précède, qu'il suffit qu'un fait ou un acte quelconque affecte les opérations relatives à la révision des listes électorales pour que le reste du processus électoral soit vicié et suscite le contentieux. Il peut s'agir d'un fait intentionnel, ce qui constitue une fraude ; ou d'un fait non intentionnel s'il résulte par exemple d'une faute de négligence, d'inattention ou d'imprudence ; ou encore d'un fait accidentel s'il découle d'une erreur provoquée. A titre d'illustrations, il peut s'agir, par exemple, de l'enrôlement des personnes de nationalité étrangère ou de celles qui sont déchues de la nationalité congolaise ; de l'inscription sur les listes électorales des personnes qui ne sont pas en âge de voter, c'est-à-dire des mineurs ; ou des personnes condamnées à une peine privative des droits civils ou politiques ; du maintien sur les listes électorales des noms et prénoms d'électeurs décédés ou du maintien des personnes radiées des listes électorales ; de l'inscription des personnes sous un faux état civil ou sur plusieurs listes électorales. Il en va de même du fait de certains électeurs de se servir des anciennes listes électorales non révisées pour voter. Ce cas précis fut constaté lors des dernières élections législatives du 16 juillet 2017 à Mbomo et Etoumbi. Auparavant, la jurisprudence en matière de contentieux électoral ne tarit pas d'exemples à cet effet, au travers des allégations des requérants. Ainsi, dans plusieurs décisions rendues le 26 octobre 2012, le 17 octobre 2012 et le 29 août 2007 respectivement à l'occasion des législatives du 15 juillet 2012 et du 24 juin 2007, la Cour constitutionnelle avait relevé des griefs s'articulant autour des listes électorales non actualisées ; de l'absence des noms sur la liste électorale des personnes régulièrement enregistrées et détentrices des cartes d'électeurs ainsi que l'inscription sur les listes électorales des personnes non enrôlées.

Enfin, après la révision et l'établissement des listes électorales l'administration électorale et la Commission nationale électorale indépendante doivent les afficher. Il s'agit donc d'une opération qui consiste simplement à publier les listes électorales avant le déroulement du vote. Ce qui permet aux électeurs enrôlés ou ayant fait la demande d'être inscrits sur les listes électorales de vérifier de la suite donnée à leur demande, afin de participer au scrutin à venir. Concrètement, l'affichage des listes électorales dûment établies fait peser un certain nombre d'obligations sur les autorités habilitées. A ce titre, il incombe aux sous-préfets et aux administrateurs-maires de procéder immédiatement à l'affichage des listes électorales, d'en aviser la population et de l'informer du droit de faire des réclamations y relatives dans un délai de 14 jours. La loi ne dit pas explicitement à partir de quand court le délai de formuler des réclamations. Ainsi, ce délai court-il à partir du jour de l'affichage des listes électorales ou à partir du jour où les intéressés en sont informés ? Nonobstant le mutisme de la loi, on peut dire qu'en vertu des principes généraux du droit ce délai doit sans doute courir à partir de la date de l'affichage des listes. Car, le décret précité fait obligation aux autorités habilitées d'en informer la population immédiatement. Ce qui signifie que l'affichage et l'information, en l'occurrence, sont concomitants. Dans tous les cas, l'examen de ces réclamations relève de la compétence de la commission administrative de révision des listes électorales. Aussi, les sous-préfets et les administrateurs-maires doivent-ils dresser un procès-verbal de réception et de publication de ces listes. Après l'examen des éventuelles réclamations, les listes électorales sont arrêtées et mises à la disposition de la Commission nationale électorale indépendante, par le canal du ministre en charge des élections pour vérification. Il incombe ensuite à cette commission de faire part de ses observations au ministre, dont la prise en compte permet aux commissions administratives de révision des listes électorales d'établir des listes définitives de la circonscription administrative concernée. Ainsi, les sous-préfets et les administrateurs-maires ont trois jours pour adresser les copies desdites listes au préfet du département. Il incombera ensuite à ce dernier de transmettre l'ensemble des listes électorales définitives de l'ensemble du département au ministre en charge des élections. En définitive, le ministre en charge des élections muni du fichier électoral national constitué par l'ensemble des listes électorales transmises par les préfets des différents départements, arrête et publie les listes électorales définitives. Cependant, force est de préciser que les listes définitives publiées par le ministre en charge des élections sont susceptibles d'être modifiées sur décision du juge compétent en matière de contentieux électoral. Ce qui suppose donc l'existence d'un recours judiciaire exercé par quiconque ayant intérêt à agir pour faire prévaloir ses droits. A cet effet, le requérant doit d'abord exercer un recours administratif préalable. Il peut s'agir d'un recours préalable gracieux ou hiérarchique auprès de l'autorité administrative compétente.

Comme on le voit, au terme de ce marathon procédural aux fins d'établir et de publier définitivement le fichier électoral, il suffit qu'un individu cynique, distrait ou imprudent affiche d'autres listes que celles qui correspondent aux opérations relatives à la révision des listes électorales pour que ce fichier soit vicié. Ce qui constitue un cas de fraude susceptible de déclencher le contentieux électoral. En ce sens, l'article 20 du décret n° 2008-407 du 09 octobre 2008 dispose que : « Toute fraude, en matière d'inscription sur les listes électorales, est punie, conformément à la loi électorale. »

Outre les cas les plus fréquents qu'on vient de voir à travers les griefs faits par les requérants, notamment celui de certaines personnes dûment inscrites mais dont les noms, au final, n'apparaissent pas sur les listes électorales définitives, la Cour constitutionnelle a aussi relevé le cas de l'affichage tardif des listes électorales et, plus grave, les cas où les listes ne sont pas affichées. Ce qui constitue évidemment une abondante source du contentieux électoral.

Paragraphe II : Les causes liées aux défauts de la logistique électorale.

Les causes liées aux défauts de la logistique électorale sont toutes celles qui peuvent affecter l'établissement et la distribution des cartes d'électeurs, les bulletins de vote et le matériel électoral.

En ce qui concerne les cartes d'électeurs, les modalités de leur distribution sont régies par l'arrêté n° 1431 du 29 février 2016. Il y ressort que la charge de procéder à la distribution des cartes électorales incombe conjointement à la commission locale d'organisation des élections et aux autorités administratives locales. A ce titre, elles désignent les agents distributeurs qui doivent couvrir l'espace territorial du ressort de leurs circonscriptions respectives, afin de remettre les cartes d'électeurs en mains propres à leurs titulaires ou à quiconque les reçoit pour leur compte en cas d'empêchement ou d'absence. Ceci étant, la distribution des cartes d'électeurs doit se faire au moins une semaine avant la tenue du scrutin, sauf nécessité justifiée. Au cours de cette séquence pré-électorale, quelques faits fréquents peuvent en altérer la régularité et susciter le contentieux électoral. Il s'agit par exemple du cas d'existence de plusieurs cartes établies au nom d'une seule personne. Ce problème est prévu et résolu par l'article 17 de l'arrêté sus-indiqué qui dispose que :

« Si deux ou plusieurs cartes ont été établies au profit du même électeur, la carte ou les cartes en trop sont retenues par les agents distributeurs et remises à la commission locale d'organisation des élections. »

C'est dire que si l'administration électorale ne récupère pas les cartes en trop, par négligence, imprudence, inattention ou délibérément, l'électeur qui en bénéficie peut voter deux ou plusieurs fois. Ce fait fréquent constitue indiscutablement une fraude de nature à vicier l'élection et à provoquer le contentieux électoral. Un autre cas fréquent, copieusement constaté lors des dernières élections générales de 2017, c'est l'existence et l'usage des fausses cartes d'électeurs aux fins de favoriser un candidat au détriment des autres. Cette fraude avérée constitue également un cas d'irrégularité grave de nature à vicier le scrutin et susciter le contentieux électoral. Le contentieux né de la gestion des cartes d'électeurs nourrit copieusement la jurisprudence. Ainsi, la Cour constitutionnelle, dans certaines de ses décisions rendues à l'occasion des législatives du 15 juillet 2012 ou, bien avant, dans celles relatives aux législatives du 24 juin 2007, le corrobore à travers moult allégations des requérants. En ce sens, elle avait relevé, par exemple, l'absence de cartes d'électeurs dans certains fiefs électoraux ; le désordre dans la distribution des cartes d'électeurs ; la distribution tardive des cartes d'électeurs ; l'utilisation de cartes d'électeurs de personnes décédées et la détention par une seule personne de plusieurs cartes d'électeurs. Ce qui occasionne des votes multiples par les mêmes électeurs.

Quant aux bulletins de vote, ils doivent aussi être conformes à la rectitude afin de ne pas fausser le scrutin. Au Congo, depuis l'élection présidentielle du 20 mars 2016, le bulletin unique est la forme prescrite par la loi. En ce sens, l'article 4-1 de la loi électorale du 23 janvier 2016 dispose que :

« Le bulletin unique de vote est utilisé à l'occasion de toutes les élections politiques.

Les caractéristiques des bulletins uniques de vote sont déterminées par décret pris en Conseil des ministres. »

C'est ainsi que le Décret n° 2016-35 du 1er février 2016 déterminant les caractéristiques du bulletin unique de vote était pris. Son article premier prévoit que :

« Le bulletin unique de vote est l'ensemble de bulletins de vote individuels juxtaposés sur un support unique.

Il est utilisé à l'occasion de toutes les élections politiques. »

Cette disposition définit d'une part ce qu'on entend par « bulletin unique de vote », et d'autre part elle rappelle sa portée telle que prévue par l'article 4-1 de la loi électorale. Ainsi, le bulletin unique de vote est l'ensemble général des bulletins particuliers rassemblés sur un même support. C'est-à-dire qu'il englobe les différents bulletins qui font ressortir les informations relatives à chaque candidat. Il concerne toutes les sortes d'élections politiques organisées dans notre pays. Pour être conforme à la loi, le bulletin unique de vote doit obéir aux caractéristiques déterminées par le décret sus-indiqué. Mais, ces caractéristiques ne sont pas forcément identiques, car elles varient selon la nature de l'élection. Ainsi, les articles 2, 3 et 4 du même décret font état du fond et des mentions obligatoires qui structurent le bulletin unique. En ce sens, l'article 2 prescrit que :

« Le bulletin unique de vote comporte les caractéristiques suivantes :

- en haut, à l'extrême droite, les inscriptions - République du Congo suivies de la devise de la République ;
- au centre, les mentions relatives à la nature de l'élection ;
- en dessous, les mentions relatives à la date du scrutin ;

En cas d'élection à deux tours de scrutin, la mention précisant qu'il s'agit du premier tour ou du second tour y est aussi portée.

- en haut, à l'extrême gauche, les armoiries de la République. »

En ce qui concerne la présidentielle et les sénatoriales, l'article 3 du même décret prévoit que :

« Le bulletin unique de vote relatif à l'élection du Président de la République et des sénateurs comporte, pour chaque candidat et par colonne, les éléments suivants :

- le numéro d'ordre du candidat ;

- les nom(s) et prénom(s) du candidat ;
- le nom du parti ou groupement des partis dont est issu le candidat ou le statut d'indépendant ;
- le logo ou le symbole du candidat ;
- la photo du candidat.

Il se présente à l'horizontale, les candidats étant alignés par la colonne, dans un ordre croissant allant de la gauche à la droite.

Les données d'identification de chaque candidat sont contenues dans la colonne qui lui est réservée. »

Ensuite, en ce qui concerne les élections législatives les caractéristiques exigées sont également spécifiques à ce mode d'élection en dehors des mentions générales à tous les bulletins uniques. En ce sens, l'article 4 du même décret dispose que :

« Le bulletin unique relatif à l'élection des députés comporte, outre les éléments d'identification énoncés à l'article 3 ci-dessous, aux côtés de ceux du candidat titulaire, la photo ainsi que les noms et prénoms du suppléant. »

Enfin, quant aux élections locales l'article 5 du décret sus-indiqué confère au ministre en charge des élections le droit de déterminer les caractéristiques qui conviennent aux bulletins uniques y relatifs. Pour ce faire, il doit recueillir l'avis de la Commission nationale électorale indépendante. A défaut de se conformer à toutes les exigences requises, les bulletins uniques concernés ne sauraient être valables. Ce qui vicie inéluctablement le scrutin et génère le contentieux électoral. Si lors de l'élection présidentielle de 2016 tous les candidats avaient leurs photos, noms, prénoms et logos sur les bulletins uniques dont c'était la première expérimentation, il n'en était pas de même à l'occasion des dernières élections législatives et locales du 16 juillet 2017 et celles qui s'étaient tenues antérieurement, c'est-à-dire en 2012 et en 2007.

En effet, dans plusieurs bureaux de vote il a été donné de constater, lors des élections de 2017, que certains candidats n'avaient pas leurs photos ou leurs noms, prénoms et logos sur les bulletins uniques. Ce qui faussait gravement la tenue régulière de l'élection dans la mesure où il n'y avait aucune chance qu'on votât pour eux. Il s'agit en l'espèce d'un cas fréquent et flagrant constitutif d'irrégularités de nature à vicier l'élection et à provoquer le contentieux électoral. La même tendance est perceptible au travers des griefs formulés dans les recours en contestation. Ainsi, plusieurs décisions rendues à cet effet font apparaître, par exemple, l'absence des bulletins de vote des candidats dans certains bureaux de vote ou dans tous les bureaux de vote ; l'arrivée tardive des bulletins de vote dans les bureaux de vote ; le nombre insuffisant des bulletins de vote des candidats et le défaut de logos des candidats sur les bulletins de vote.

La Cour constitutionnelle a déjà tranché plusieurs contentieux relatifs aux problèmes générés par les cartes d'électeurs et les bulletins de vote, dont deux affaires sélectionnées sous cette rubrique. Dans la première affaire, Monsieur B.B, candidat au scrutin du 24 juin 2007 relatif aux élections législatives dans la circonscription unique de

Kibangou, avait introduit un recours en annulation de ce scrutin, alléguant notamment la détention par une seule personne de plusieurs cartes d'électeurs et le nombre insuffisant des bulletins de vote des candidats. Dans une décision du 26 octobre 2007, la Cour constitutionnelle fit droit à sa requête en décidant que :

« Considérant que les faits dénoncés par le requérant sont constitutifs d'actes de fraudes au sens de l'article 121 alinéa 1 de la loi n° 9-2001 du 10 décembre 2001 portant loi électorale ;

Considérant que l'article 122 de la loi électorale du 10 décembre 2001 dispose que « le juge constitutionnel, en cas d'inobservation des conditions et des formalités prescrites par les lois et règlements, apprécie librement si le vice constaté est de nature à entraîner l'annulation des élections » ;

Considérant qu'il résulte de l'examen des pièces produites que les irrégularités dénoncées par le requérant sont avérées ; qu'elles ont effectivement faussé les résultats du scrutin de manière déterminante ; qu'ainsi, le scrutin du 24 juin 2007 dans la circonscription unique de Kibangou doit être annulé. »

Dans la deuxième affaire, le requérant avait allégué, entre autres griefs, la distribution des cartes d'électeurs aux autochtones non enrôlés sans produire des preuves susceptibles d'établir la véracité de ses allégations. En conséquence, par une décision du 17 octobre 2012, la Cour constitutionnelle rejeta sa requête au motif qu'il n'avait fait que de simples affirmations non étayées de preuve.

Comme on le voit, l'enseignement qu'on peut tirer de l'analyse de ces deux décisions est que selon la nature des preuves rapportées pour étayer les allégations, le juge peut ou ne pas donner une suite favorable à la requête. Dans la première affaire, le requérant a produit des pièces qui ont établi la véracité des faits ; tandis que dans le deuxième cas, l'absence des preuves n'a pas emporté la conviction du juge. Il peut aussi arriver que les requérants produisent des moyens de preuve insuffisants en soutien de leurs allégations. Ce qui conduit le juge à ne pas les retenir et à rejeter les requêtes concernées. C'est dire, l'importance que revêt la preuve dans le règlement du contentieux en général, et du contentieux électoral en particulier.

Paragraphe III : Les causes liées aux défauts qui affectent les candidatures.

Une élection est avant tout un rendez-vous entre les candidats et le souverain primaire, c'est-à-dire le peuple dont les électeurs sont une composante importante. Pour ce faire, les différents candidats à une élection doivent se conformer aux prescriptions légales, afin de briguer un mandat électif. Ainsi, ils doivent faire acte de candidature en bonne et due forme. La teneur des candidatures varie selon le type d'élection. Dans tous les cas, un défaut de conformité aux exigences requises suffit à vicier la fiabilité des candidatures et provoquer le contentieux électoral. Les faits susceptibles de l'être sont multiples et pourraient être inventoriés à travers quelques séquences relatives au dépôt et au traitement des candidatures. En effet, parmi les cas fréquents liés aux candidatures qui peuvent causer le contentieux électoral, il y a par exemple le fait qu'un candidat à la présidentielle fournisse un certificat médical non délivré par des médecins agréés. Or, il est un principe quasiment universel en vertu duquel tout candidat à l'élection présidentielle doit, entre autres conditions de recevabilité de la candidature, fournir un certificat médical établi par des médecins agréés. Au Congo, cette exigence est prévue par l'article 48 de la loi électorale selon lequel :

« Tout candidat à l'élection présidentielle doit faire une déclaration de candidature légalisée comportant : (…) un certificat médical délivré par un collège de trois médecins assermentés désignés par la Cour constitutionnelle (…) »

C'est dire que si un candidat fournit un certificat médical délivré par d'autres médecins sa candidature ne saurait être acceptée. De mémoire, un tel cas ne s'est jamais produit au Congo. Cependant, sous d'autres cieux africains, en l'occurrence au Togo, ce cas s'était produit en 1994 lors de la présidentielle qui opposa, notamment, le Président Gnassingbé Eyadema à son adversaire historique, Gilchrist Olympio. Ce dernier, en exil, ne pouvant pas facilement se présenter au Togo dans les délais requis n'avait pas pu se soumettre aux examens médicaux faits par les médecins agrées à cet effet. Ainsi, il délivra aux autorités habilitées un certificat médical établi par d'autres médecins qu'il consulta dans son pays hôte. Ce qui entraîna le rejet de sa candidature à cette élection au motif évident que la délivrance de son certificat médical n'était pas conforme aux prescriptions légales. Saisi de ce contentieux, le juge compétent le débouta de sa demande. Ce qui confirma donc l'irrecevabilité de sa candidature.

En dehors du défaut d'établissement du certificat médical par des médecins agrées en vue de l'élection présidentielle, par exemple, un autre fait assez fréquent lié toujours au certificat médical peut aussi être épinglé. Il s'agit du fait d'un candidat de fournir un faux certificat médical. C'est le cas d'un candidat dont l'état de santé réel ne milite pas en faveur de la recevabilité de son dossier de candidature. Ainsi, il se fait établir un faux certificat médical afin de participer à l'élection. Si ce défaut échappe à la vigilance des autorités habilitées à valider les dossiers de candidature, notamment la Cour constitutionnelle selon les cas, il est évidemment constitutif d'un fait qui affecte la régularité du scrutin. Aussi, constitue-t-il une cause frauduleuse qui provoque le contentieux électoral. Toujours de mémoire, ce fait ne s'est jamais aussi présenté au Congo. Mais, sous d'autres cieux européens et non des moindres, un ancien grand Président de la République eut recours à un faux certificat médical afin de briguer un autre mandat. C'est ce qui ressort de l'aveu de son médecin personnel, à l'époque des faits, à qui ce président avait demandé ce service. Il fit cet aveu dans un célèbre livre paru vers la fin des années 90. Outre les défauts relatifs au certificat médical requis, un autre fait lié au non-respect du délai exigé peut aussi être source du contentieux électoral. Au Congo, il résulte des dispositions de la loi électorale que les candidatures à une élection doivent être déposées un mois, au moins, avant le déroulement du scrutin. Il arrive souvent que certains candidats attendent le dernier moment pour déposer leur candidature ou, pire, le font après expiration du délai légal quand bien même qu'il ne s'agirait que de quelques minutes ou heures. Ce retard s'explique souvent par le fait que certains candidats ont du mal à réunir toutes les conditions requises à temps, notamment la constitution d'une caution non remboursable. Rare ou presque inexistant en matière d'élection présidentielle, ce fait est récurrent en matière d'élections législatives, locales et sénatoriales.

En effet, à l'occasion des dernières élections du 16 juillet 2017 au Congo tous les observateurs attentionnés ont pu le constater. Ainsi, l'envahissement des services du Trésor public, par exemple, chargés d'encaisser les cautions déposées par les différents candidats et la pression faite sur les services de l'administration électorale, afin de faire preuve d'indulgence à l'égard des retardataires suffisent amplement pour témoigner de l'existence de ce fait. Or, une candidature qui n'est pas déposée dans les délais légaux ne doit pas être recevable. Autrement, ce fait préjudiciable à certains candidats respectueux de toutes les modalités qui président à la conformité de la déclaration des candidatures peut, à terme, être une cause du contentieux électoral si le retardataire l'emporte sur un concurrent qui avait réuni toutes les conditions exigées à temps. En dehors de ce fait spécifique, il existe aussi un autre cas relatif à l'existence d'une candidature multiple. L'article 120 de la loi électorale a épinglé ce fait comme une cause d'annulation totale ou partielle de l'élection concernée. Il peut s'agir d'abord d'un candidat qui est à la fois indépendant et investi par un parti politique. Il peut s'agir ensuite d'un candidat qui est indépendant au départ, avant de se muer en candidat investi par un parti politique quelques jours avant le déroulement du scrutin. Il peut s'agir enfin d'un candidat qui change de parti politique et de logo entre les deux tours d'élection. La Cour constitutionnelle s'est déjà prononcée sur ces cas.

Dans le premier cas d'espèce, Monsieur V.M. s'était présenté aux législatives du 15 juillet 2012 dans le département de la Likouala en tant que candidat indépendant. Moins d'une semaine avant le scrutin, il avait été substitué à un autre candidat en se muant ainsi en candidat d'un parti politique. Saisie de ce contentieux, la Cour constitutionnelle avait annulé ce scrutin dans une décision du 26 octobre 2012, en statuant que :

« Considérant que (...) l'article 63 de la loi électorale énonce que « le dépôt de candidature est fait par le candidat s'il se présente en tant qu'indépendant ou par le mandataire du parti ou du groupement politique auquel il appartient un mois, au moins, avant le scrutin ;

Considérant que Monsieur V.M. a été substitué, moins d'une semaine, avant le scrutin, au candidat K. ; qu'il s'est mué en candidat d'un parti politique en violation de l'article 63 précité ; que dans ces conditions, la reconnaissance et la participation de Monsieur V.M. en qualité de candidat d'un parti politique est irrégulière ; que, par conséquent, l'élection (…) encourt, de ce fait, annulation. »

Dans le deuxième cas d'espèce, Monsieur M, candidat au scrutin du 05 août 2007 relatif aux élections législatives dans la circonscription unique de Yamba, avait exercé un recours en annulation de ce scrutin alléguant, entre autres griefs, le changement de parti politique et de logo entre les deux tours du scrutin par son adversaire, Monsieur MB. Dans une décision du 26 octobre 2007, la Cour constitutionnelle avait également annulé ce scrutin. Ainsi, elle avait statué que :

« Considérant qu'à l'appui de sa requête, Monsieur M. a joint une copie des rapports de campagne des premier et deuxième tours qui prouvent que le candidat MB. a effectivement changé de parti politique et de logo entre les deux tours (…) ;

Considérant qu'aux termes de l'article 121 de la loi électorale du 10 décembre 2001 « la fraude, le transfert d'électeurs d'une circonscription, l'empêchement et la séquestration entachant d'irrégularité l'élection peuvent entraîner son annulation s'il est reconnu par la Cour constitutionnelle que ces irrégularités ont faussé le résultat du scrutin de manière déterminante pour l'élection des candidats » ;

Considérant qu'aux termes de l'article 61 nouveau, de la loi électorale du 25 mai 2007 modifiant et complétant la loi électorale du 10 décembre 2001 « les candidats aux élections législatives (…) sont présentés par les partis politiques » ; que, selon l'article 62 de la même loi « tout candidat à l'Assemblée nationale fait une déclaration légalisée comportant (…) le nom du parti et du groupement politique auquel il appartient » ; que l'article 63 de la loi électorale du 10 décembre 2001 dispose que « le dépôt de candidature est fait par le mandataire ou le groupement politique auquel il appartient au moins un mois avant le scrutin » ;

Considérant qu'en changeant de parti politique et de logo et en devenant le candidat d'un autre parti politique entre les deux tours de l'élection législative, Monsieur MB s'est rendu coupable de fraude ; que dans ces conditions, les résultats du scrutin du 05 août 2007 dans la circonscription électorale unique de Yamba doivent être annulés. »

Par ailleurs, des faits liés à l'inéligibilité d'un candidat par exemple peuvent aussi susciter le contentieux électoral. Conformément aux prescriptions de la Constitution, la loi électorale énumère la liste exhaustive des cas d'inéligibilité. D'une part, il s'agit du cas d'inéligibilité qui frappe des personnes faisant l'objet d'une condamnation. En ce sens, l'article 56 de ladite loi prévoit que : « Ne sont pas éligibles les personnes condamnées, lorsque la condamnation empêche de manière définitive leur inscription sur la liste électorale.

Sont également inéligibles :

- les individus condamnés pour crimes ou délits, corruption active ou passive en matière électorale ;
- les personnes pourvues d'un conseil judiciaire. »

C'est un principe universel puisqu'on le retrouve dans tous les pays démocratiques. A titre d'illustration, c'est sur la base de ce principe que la candidature de l'opposant russe, Alexeï Navalny, avait été jugée irrecevable par la Commission nationale électorale. Saisie à cet effet, la Cour suprême russe avait, dans une décision rendue le 30 décembre 2017, confirmé cette décision en rejetant le recours introduit par Alexeï Navalny. Ce qui l'avait empêché de se présenter à l'élection présidentielle russe du 18 mars 2018. C'est sur la base du même principe que la candidature de l'ancien Président brésilien, Luiz Ignacio Lula, avait été rejetée par le Tribunal supérieur électoral pour la présidentielle du 07 octobre 2018. Il en était de même pour Jean Pierre Mbemba dont la candidature à la présidentielle du 23 décembre 2018, en République Démocratique du Congo, avait été invalidée par la Cour constitutionnelle.

D'autre part, il s'agit aussi de l'inéligibilité qui frappe certaines personnes par rapport aux emplois ou fonctions publiques qu'elles exercent au moment de l'ouverture des élections. Concernant ce dernier cas, l'article 57 de la loi électorale dispose que : « Ne peuvent être candidats dans aucune circonscription électorale pendant l'exercice de leurs fonctions :

- les magistrats ;
- les agents de la force publique ;
- les préfets ;
- les sous-préfets ;
- les administrateurs-maires des communautés urbaines et les administrateurs délégués des communautés rurales ;

- les secrétaires généraux des collectivités locales et des circonscriptions administratives ;
- les secrétaires généraux, les directeurs généraux et les directeurs centraux des administrations publiques ;
- les membres de la commission nationale électorale indépendante ;
- les membres de la Cour constitutionnelle ;
- les membres du conseil économique, social et environnemental ;
- les membres du conseil supérieur de la liberté de communication ;
- les membres de la commission nationale des droits de l'homme ;
- le directeur général du trésor ;
- les directeurs départementaux du trésor ;
- les fondés de pouvoir du trésor ;
- les directeurs généraux, centraux, divisionnaires et départementaux des régies financières ;
- le personnel diplomatique et consulaire ;
- les secrétaires généraux et centraux des entreprises publiques et parapubliques. »

Par conséquent, il en résulte une impossibilité faite aux personnes concernées de briguer un mandat électif. Mais, contrairement à l'inéligibilité qui frappe les individus condamnés à une peine qui les empêche d'être candidat, celle qui frappe d'autres individus relativement à leurs emplois ou fonctions publiques n'est pas absolue. Elle peut donc être levée, à condition d'observer les exigences légales. Ainsi, l'article 62 alinéa 2 de la même loi prévoit que : « En cas d'inéligibilité, le candidat doit présenter une lettre de démission actée par l'autorité compétente ou un acte attestant de sa mise en disponibilité à l'égard de son employeur. » Ce qui veut dire que si par inattention ou mauvaise foi de l'administration électorale, un candidat se présente à une élection en dépit de l'inéligibilité qui le frappe, la séquence électorale y relative est viciée.

La Cour constitutionnelle a déjà statué sur les contestations des candidatures auxquelles les requérants faisaient grief d'inéligibilité qui frapperait les candidats concernés. Ainsi, deux cas intéressants peuvent être évoqués à cet effet. Dans la première affaire, Monsieur L.K, candidat au scrutin du 05 août 2012 relatif aux élections législatives dans une circonscription de Makélékélé, avait introduit un recours en contestation de la candidature de Monsieur L, alléguant que ce dernier étant frappé d'inéligibilité en sa qualité de Directeur de cabinet aurait dû produire une lettre de démission ou de mise en disponibilité. Mais, dans une décision rendue le 17 octobre 2012, la Cour constitutionnelle rejeta sa requête en décidant que : « Considérant que l'article 57 de la loi électorale qui indique limitativement la liste des personnes qui ne peuvent être candidat dans aucune circonscription électorale pendant l'exercice de leurs fonctions ne vise pas de Directeur de cabinet, quel qu'il soit ; qu'il s'ensuit que la candidature de Monsieur L. est régulière. »

Dans la deuxième affaire, il s'agit de la requête introduite par Monsieur NK, candidat aux élections législatives du 24 juin 2007 dans la circonscription unique de Tsiaki, aux fins d'annulation de la candidature de Monsieur B.B, alléguant que ce dernier est frappé d'inéligibilité en sa qualité de magistrat. Mais, dans une décision rendue le 06 septembre 2007, la Cour constitutionnelle rejeta sa requête en décidant que :

« Considérant que Monsieur B.B. a adressé, le 10 mai 2007, au garde des Sceaux une demande de mise en disponibilité pour deux ans et que sa déclaration de candidature faite le 18 mai 2007, mentionne qu'il est en disponibilité ;

Considérant, ainsi, que la candidature de Monsieur B.B. est légale et que, par suite, le recours de Monsieur NK n'est pas fondé. »

Comme on peut le remarquer, l'inéligibilité est un fait qui constitue une cause réelle qui peut altérer un scrutin et induire le contentieux électoral. Dans cette optique, l'article 112 alinéa 3 de la Constitution du 06 novembre 2015 prescrit que : « Toute inéligibilité à la date des élections connues ultérieurement, de même que les incapacités prévues par la loi, entraînent la perte du mandat de député ou de sénateur. » Aussi, l'article 120 de la loi électorale fait-il de l'inéligibilité constatée une cause d'annulation de l'élection querellée.

Enfin, en matière d'élections locales, l'article 70 de la loi électorale exige que le nombre des candidats inscrits sur les listes correspondent exactement au nombre de sièges attribués à la circonscription concernée. En effet, il sied de préciser qu'en ce qui concerne les élections locales en vue de choisir les conseillers municipaux et départementaux, le nombre de sièges attribués aux différents candidats varie en fonction de la taille et de la démographie de la circonscription administrative. C'est à partir de la nature de la circonscription administrative qu'on détermine la circonscription électorale. Ainsi, on peut trouver des listes comptant 13 candidats inscrits et d'autres listes qui en comptent moins. De toutes les manières, dans la même circonscription électorale le nombre de candidats inscrits doit être égal au nombre de sièges attribués. C'est dire que si par mégarde ou cynisme, il y a une liste qui attribue un nombre inégal par rapport à une autre liste concurrente dans la même circonscription électorale, ce fait peut affecter le scrutin. Ce qui, évidemment, constitue une cause susceptible de déclencher le contentieux électoral.

En définitive, le foisonnement des faits générateurs du contentieux électoral au stade préparatoire des élections est si incommensurable qu'on peut se demander s'ils ne sont perceptibles qu'à travers les actes préparatoires énumérés par l'article 106 de la loi électorale. Alors, en existe-t-il d'autres ? Certainement, car l'énumération légale ne fait pas apparaître explicitement les actes relatifs au recensement administratif préalable. Or, cette opération est si utile qu'elle détermine de façon conséquente le fichier électoral qui constitue un pilier basique et très important de l'orthodoxie électorale. Par conséquent, il suffit qu'une irrégularité affecte le recensement pré-électoral pour influer négativement sur la fiabilité du fichier électoral. Ne l'ayant point mentionné, la liste des actes préparatoires énumérés par l'article 106 de la loi électorale n'est donc pas exhaustive, mais limitative. Il appartiendra donc au juge du contentieux électoral d'apprécier éventuellement la pertinence des faits allégués par les litigants en vertu des circonstances factuelles, s'ils sont relatifs aux défauts du recensement administratif préalable. Après la phase préparatoire à l'organisation des élections, survient ensuite celle relative au déroulement du scrutin. Elle peut aussi receler des faits qui entachent le déroulement du scrutin.

Section II : Les causes relatives aux défauts du déroulement du scrutin.

Les causes relatives aux défauts du déroulement du scrutin sont celles qui sont directement liées aux opérations de vote. Il s'agit donc ici d'explorer la deuxième phase du processus électoral en tentant d'inventorier les faits susceptibles d'altérer le déroulement normal du scrutin, à partir de l'ouverture des bureaux de vote jusqu'au dépouillement des bulletins de vote. Car, la phase du déroulement du scrutin comporte elle-même trois séquences essentielles. Il s'agit de l'ouverture des bureaux de vote, du vote proprement dit, et du dépouillement des bulletins de vote. Plusieurs faits disparates et récurrents lors du déroulement du scrutin sont à l'origine des contestations de la part des uns et des autres, et peuvent déclencher le contentieux électoral. A travers les articles 120 et 121 de la loi électorale, on peut en faire un inventaire minutieux. Ainsi, l'article 120 dispose que : « Constituent des causes d'annulation totale ou partielle des élections ou des résultats :

- la constatation de l'inéligibilité des candidats ;
- l'organisation des élections en dehors des circonscriptions électorales et des bureaux de vote définis par les textes en vigueur ;
- l'existence d'une candidature multiple ;
- le défaut d'isoloir dans un bureau de vote, même hors de toute intention de fraude ;
- le déplacement de l'urne hors du bureau de vote avant ou pendant le dépouillement ;
- la constatation d'un nombre de bulletins supérieurs au nombre d'émargements. »

D'autre part, l'article 121 amplifie la liste des causes susceptibles de vicier le déroulement du scrutin en prévoyant que : « La fraude, le transfert d'électeurs d'une circonscription à une autre ou d'un bureau de vote à un autre, la corruption, l'empêchement et la séquestration entachant d'irrégularité l'élection, peuvent entraîner son annulation s'il est reconnu par la Cour constitutionnelle que ces irrégularités ont faussé le résultat du scrutin de manière déterminante pour l'élection des candidats.

Peuvent également entraîner l'annulation, la violence ou les voies de fait constatées dans un bureau de vote et aux abords immédiats, le port d'insignes distinctifs, la distribution des sommes d'argent dans le bureau de vote ou dans tout autre lieu ainsi que la propagation de fausses nouvelles susceptibles de vicier les résultats le jour du scrutin. »

A ces faits peuvent être ajoutés d'autres comme, notamment, le fait qu'il y ait plus de votants que d'inscrits sur la liste électorale et le fait qu'on continue de voter après la fermeture des bureaux de vote. Ceci étant, il sied de passer minutieusement en revue chacun de ces faits pour les cerner et en apprécier l'impact réel sur la régularité du scrutin. Ainsi, concernant le lieu où doit se dérouler le vote, il faut marteler haut et fort qu'une élection doit se dérouler dans un espace géographique délimité. Il s'agit de la circonscription électorale, à ne pas confondre avec la circonscription administrative. Comme vu plus haut, la circonscription administrative est une entité générale qui englobe d'autres entités plus petites qu'elle et qui peuvent être considérées comme des circonscriptions électorales selon le découpage opéré par les services compétents. Exemple, l'arrondissement 5 Ouenzé est une circonscription administrative au sein de laquelle on compte quatre circonscriptions électorales que sont : Ouenzé 1, Ouenzé 2, Ouenzé 3 et Ouenzé 4. C'est dire que le jour du déroulement du scrutin, le vote des candidats inscrits dans la circonscription électorale de Ouenzé 1 ne doit se faire que dans cette circonscription strictement délimitée et non dans une autre circonscription électorale, même si elle se trouve dans la même circonscription administrative. Il en va de même pour les bureaux de vote. Ainsi, l'élection doit se faire dans les bureaux de vote strictement assignés à cet effet, c'est-à-dire en vertu des prescriptions légales. A l'aune de l'exemple précité, aucun électeur inscrit sur les listes électorales de Ouenzé 1 n'a le droit d'aller voter dans les bureaux de vote situés dans une circonscription de Poto-Poto ou de Bacongo, encore moins de Ouenzé 2, de Ouenzé 3 ou de Ouenzé 4. Autrement, ces faits seront constitutifs de fraude susceptible de provoquer le contentieux électoral. Lorsqu'on scrute l'ensemble des décisions rendues par la Cour constitutionnelle en matière de contentieux électoral ces quinze dernières années, il y ressort que plusieurs requêtes s'articulent autour de la transhumance d'électeurs. Il s'agit du cas d'électeurs qui se déportent d'une circonscription à une autre pour voter alors qu'ils ne sont pas inscrits sur les listes électorales de cette circonscription.

La jurisprudence en matière de contentieux électoral y est très abondante. Ainsi, dans une décision du 26 octobre 2012 relative à l'élection législative du 15 juillet 2012 dans une circonscription de Makélékélé, dans le département de Brazzaville, la Cour constitutionnelle n'avait pas fait droit à la requête en contestation de Monsieur MAT et consorts alléguant moult irrégularités, notamment le vote des personnes venant de Pointe noire, Moukondo et Moukondzi-Ngouaka, comme cela ressort de sa décision :

« Considérant que les griefs articulés à l'appui de la requête, bien que constituant des causes d'annulation de l'élection au sens des articles 120 et 121 de la loi électorale, ne sont étayées d'aucune preuve ; que les requérants procèdent par de simples affirmations ; que, dans ces conditions, leurs requêtes ne sont pas fondées et doivent être rejetées. »

Auparavant, lors du scrutin du 08 août 2007 relatif aux législatives à Kellé, dans le département de la Cuvette-

Ouest, les mêmes faits s'étaient produits. Ainsi, Monsieur MV avait introduit un recours en annulation et en reformulation des résultats entachés d'irrégularités, notamment la transhumance d'électeurs, la corruption, la propagation de fausses nouvelles et la poursuite de la campagne électorale au-delà du délai légal. Mais, la Cour constitutionnelle rejeta sa requête au motif que les moyens de preuve versés au dossier n'établissent pas la véracité des faits allégués. Elle en décida que :

« Considérant que le requérant joint à la requête une cassette audio ; que les affirmations contenues dans cette cassette ne préjugent pas de la véracité des faits allégués et que, dans ces conditions, elles ne sauraient emporter la conviction de la Cour. »

Toujours dans le même sens, la Cour constitutionnelle avait aussi rejeté, dans une décision du 26 octobre 2007, une requête en annulation d'une élection législative introduite par Monsieur N'GA, candidat dans la circonscription unique de Makotimpoko. En l'espèce, il avait allégué l'organisation par les militants du candidat adverse de la campagne électorale avant et après la date officielle ; le transfert d'électeurs et le déplacement de huit urnes avant le dépouillement contradictoire. La Cour en avait décidé que :

« Considérant que les dispositions combinées des articles 120 et 121 de la loi du 10 décembre 2001 énumèrent les causes d'annulation totale ou partielle des élections, notamment le déplacement de l'urne avant ou pendant le dépouillement ;

Mais, considérant que les griefs articulés par le requérant, bien que constituant des causes d'annulation d'une élection, ne sont soutenus par aucune pièce probante ; que le requérant procède par des affirmations successives non étayées de preuve ; que, dans ces conditions, le recours n'est pas fondé et doit être rejeté. »

A contrario, et dans des cas similaires, la Cour constitutionnelle s'était prononcée dans le sens de l'annulation des élections contestées. En l'espèce, Monsieur NG, candidat au scrutin du 05 août 2007 relatif aux élections législatives dans la circonscription unique de Nkayes, avait exercé un recours en annulation des résultats, alléguant la création entre les deux tours de trois bureaux de vote dans les localités de Kissoumbou, Nkayes et Kiossi ; et le transfert d'électeurs de Madingou, Nkayi et Loudima vers les trois bureaux de vote suscités. Dans une décision du 26 octobre 2007, la Cour constitutionnelle fit droit à son recours et annula ce scrutin en décidant que : « Considérant que l'article 81 alinéa 1 de la loi électorale du 10 décembre 2001 dispose que « le nombre et l'implantation des bureaux de vote sont fixés par arrêté du ministre de l'intérieur » ;

Considérant que la création des trois bureaux de vote susindiqués, sans arrêté ministériel, est illégal ; qu'il est établi que des électeurs venus de Madingou, de la commune de Nkayi et de Loudima, ont été transportés le jour même du scrutin et ont voté aux bureaux de vote de Kissoumbou, Kayes et Kiossi ;

Considérant que les faits dénoncés par le requérant sont constitutifs d'actes de transfert d'électeurs au sens de l'article 121 alinéa 1 de la loi électorale du 10 décembre 2001 ;

Considérant que l'article 122 de la loi électorale susvisée dispose que « le juge constitutionnel, en cas d'inobservation des conditions et des formalités prescrites par les lois et règlements, apprécie librement si le vice constaté est de nature à entraîner l'annulation des élections ;

Considérant que la création de trois bureaux de vote irréguliers et le transfert d'électeurs d'une circonscription à une autre ont faussé de manière déterminante les résultats de l'élection législative dans la circonscription électorale unique de Kayes, scrutin du 05 août 2007 ; qu'en conséquence, ces résultats doivent être annulés. »

Dans une autre espèce, Monsieur OP, candidat au scrutin du 24 juin 2007 relatif aux élections législatives dans la circonscription unique de Mbomo, avait exercé un recours en annulation des résultats de ce scrutin, alléguant plusieurs irrégularités, comme les multiples inscriptions dans les bureaux de vote d'Ollaba 1 et 2 ; l'irruption de Monsieur MAT, accompagné d'hommes en armes dans ces deux bureaux de vote ; la propagation de fausses nouvelles ; les violences et les voies de fait. La Cour constitutionnelle, dans une décision du 26 octobre 2007, fit droit à son recours et annula l'élection contestée :

« Considérant qu'il verse au dossier le compte rendu du 25 juin 2007 relatif au déroulement de l'élection législative, scrutin du 24 juin 2007 de la commission locale d'organisation des élections de Mbomo ne portant pas les signatures de ses représentants pour cause de désaccord, les témoignages écrits de ses délégués, les résultats techniques des élections et le rapport du président de la commission départementale d'organisation des élections adressé au président de la commission nationale d'organisation des élections ;

Considérant que l'article 121 de la loi électorale dispose que « la fraude, le transfert d'électeurs d'une circonscription à une autre ou d'un bureau de vote à un autre, la corruption, l'empêchement et la séquestration entachant d'irrégularité l'élection, peuvent entraîner son annulation s'il est reconnu par la Cour constitutionnelle que ces irrégularités ont faussé le résultat du scrutin de manière déterminante pour l'élection des candidats » ;

Considérant que les irrégularités dénoncées par le requérant sont avérées ; qu'elles ont ainsi influencé de manière déterminante les résultats du scrutin ; que, par conséquent, les résultats de l'élection dans la circonscription électorale unique de Mbomo sont annulés. »

Comme dit plus haut, ce n'est pas tout d'alléguer des griefs qui entachent la régularité d'une élection. Encore faut-il que le plaignant en rapporte des preuves suffisantes et convaincantes qui établissent la véracité des faits allégués. Car, le juge n'est pas présent lors de la commission de ces faits. Il incombe donc aux requérants de lui prouver de façon convaincante que les irrégularités évoquées existent et ont réellement entaché le scrutin querellé. Ce qui, évidemment, n'est pas toujours facile à faire, mais pas non plus impossible comme le montrent certaines décisions d'annulation prononcées par le juge.

En ce qui concerne l'isoloir dans lequel doit se dérouler l'acte de votation, il doit être placé dans chaque bureau de vote par les agents de l'administration électorale avant le déroulement du scrutin. Cette exigence se justifie par le fait que le vote est secret. Ainsi, il doit se faire dans un espace isolé et protégé des regards extérieurs, afin de ne pas influencer les électeurs. En conséquence, le défaut d'isoloir est constitutif d'une cause qui peut générer des contestations susceptibles de déboucher au contentieux électoral quand bien même il n'y aurait aucune intention de fraude ou d'influence particulière.

La Cour constitutionnelle s'était aussi prononcée sur des faits relatifs au défaut d'isoloir. En l'espèce, Madame OND, née MAP, candidate aux législatives du 05 août 2012 dans une circonscription unique dans le département du Niari, avait introduit une requête en annulation dudit scrutin du chef des irrégularités constatées, notamment le défaut d'isoloirs. A cet effet, elle avait joint à l'appui de sa requête la photocopie d'une coupure de presse indiquant les résultats et une copie du procès-verbal d'audition dressée par un huissier de justice. Mais, la Cour constitutionnelle ne fit pas droit à sa requête au motif que les moyens de preuve produits en soutien des allégations n'étaient pas convaincants. Ainsi, la Cour constitutionnelle, dans une décision rendue le 26 octobre 2012, en statua que :

« Considérant que l'examen des pièces du dossier révèle que tous les griefs articulés par la requête proviennent du procès-verbal établi par un huissier de justice ; que les faits y relatés sont de simples témoignages donnés après le scrutin ; que ces témoignages ne peuvent emporter la conviction de la Cour ; qu'il échet de les écarter. »

Quant aux urnes assignées au vote, elles doivent être placées dans les bureaux de vote auxquels elles sont affectées. Ainsi, nul n'a le droit de les déplacer vers un autre endroit avant ou pendant le dépouillement des bulletins de vote au risque d'altérer la régularité du scrutin et causer le contentieux électoral. Il en est de même du bourrage dont elles peuvent faire l'objet. Dans tous les cas, le déplacement des urnes autant que leur bourrage sont des causes susceptibles d'entraîner l'annulation d'une élection en vertu des articles 120 et 121 de la loi électorale. A condition que le plaignant en établisse la preuve suffisante afin d'emporter la conviction du juge. Faute de quoi, la requête encourt le rejet prononcé par le juge compétent. C'est ce qui ressort de plusieurs décisions rendues par la Cour constitutionnelle, notamment celles du 26 octobre 2007 examinée dans les lignes précédentes. Dans une affaire similaire, Monsieur L.K avait demandé l'annulation de l'élection contestée, alléguant notamment le déplacement du matériel électoral. En soutien de ses allégations, il versa au dossier un procès-verbal d'audition établi par un huissier de justice. Mais, dans une décision rendue le 17 octobre 2012, la Cour rejeta sa requête « considérant que le procès-verbal a été établi postérieurement à la commission des faits dénoncés par un huissier de justice ; qu'il ne saurait servir de preuve. »

Par ailleurs, le fait le plus récurrent lors d'élection et qui suscite copieusement le contentieux électoral, c'est la fraude. On entend par fraude, le fait de contourner les exigences légales afin de se soustraire à ses obligations. La fraude en matière électorale est la pire gangrène qui affecte affreusement le processus électoral. Comme spécifié en prolégomènes, la fraude est à l'élection ce que la silhouette est à l'homme ou ce que la radioactivité est à l'uranium. Elle est multiforme et est perceptible à travers toutes les étapes du processus électoral. Durant le déroulement du scrutin elle peut consister, par exemple, à bourrer les urnes ; à voter au moyen d'une fausse carte d'identité ou d'une fausse carte d'électeur ; à voter dans une autre circonscription électorale que celle dans laquelle on est régulièrement inscrit ou à voter en dépit de l'interdiction légale qui empêche de le faire. L'absence de formulaires d'émargement est aussi une cause qui peut favoriser la fraude, en ce qu'elle peut permettre à une personne de voter plusieurs fois. Lors des dernières législatives du 16 juillet 2017 dans l'une des circonscriptions du département des Plateaux, un sous-préfet s'était indigné du fait qu'il n'y avait pas de formulaires d'émargement dans certains bureaux de vote. Bref, la fraude en matière électorale revêt plusieurs aspects et n'est pas exactement quantifiable. Sa nature varie selon son ampleur dans la mesure où elle peut avoir une influence déterminante ou anodine sur les résultats finaux. Ce qui confère au juge le pouvoir d'en apprécier la nature au regard des circonstances de la cause.

La Cour constitutionnelle a rendu plusieurs décisions relatives aux requêtes par lesquelles les plaignants allèguent des fraudes qu'ils estiment de nature à vicier l'élection. Ainsi, à la suite du scrutin relatif aux législatives du 05 août

2007, dans une circonscription de Dolisie, Monsieur MAH, candidat malheureux, avait introduit un recours en annulation partielle devant la Cour constitutionnelle, alléguant plusieurs irrégularités notamment des fraudes. En soutien de sa demande, il y avait joint les éléments de preuve comme le fait que la transcription des résultats du bureau de vote de Mboukou ne s'était pas faite correctement et la falsification flagrante des signatures des assesseurs sur les procès-verbaux. Mais, la Cour rejeta sa requête pour défaut de preuves suffisantes dans une décision rendue le 28 septembre 2007. Il y ressort que :

« Considérant que, selon l'article 56 alinéa 3 de la loi du 17 janvier 2003 sur la Cour constitutionnelle « à la requête doivent être annexées les pièces produites au soutien des moyens » ;

Considérant que les pièces jointes, le télégramme de départ, un formulaire de transcription des résultats et le procès-verbal des opérations électorales du bureau de vote de Mboukou ne constituent pas des preuves suffisantes pouvant conclure que la fraude et les irrégularités constatées ont faussé le résultat du scrutin de manière déterminante, conformément aux termes de l'article 121 de la loi électorale du 10 décembre 2001 ; qu'il y a donc lieu de déclarer le recours non fondé et de le rejeter. »

Dans le même sens, la corruption est également un fait récurrent relevé lors des élections dans notre pays, ou ailleurs, qui vicie le processus électoral et génère le contentieux. Ainsi, lors de ces dernières élections législatives, la police avait réussi à interpeller et appréhender des personnes détentrices des sacs contenant des billets d'argent accompagnés de fausses cartes d'électeurs dans une circonscription électorale. Même si aucune suite n'avait été donnée à cette arrestation, il ne fait aucun doute que cet argent était destiné à corrompre les électeurs ou les membres de l'administration électorale en faveur d'un candidat et au détriment des autres. La corruption est autant que la fraude une gangrène qui mine la gouvernance électorale. Elle peut être accessoire à la fraude en ce qu'elle peut la favoriser. Elle peut, comme la fraude, s'opérer à tous les stades du processus électoral en ce qu'elle permet aux corrupteurs d'exercer une influence considérable sur l'administration électorale et sur les électeurs ou tout autre acteur important qui concourt à l'organisation des élections. Concrètement, la corruption opère de deux façons durant le déroulement du scrutin. D'abord, avant l'ouverture des bureaux de vote en remettant de l'argent aux électeurs ou aux membres de l'administration électorale repérés. Ce qui peut se faire à n'importe quel endroit du territoire national. Ensuite, lors des opérations concrètes de votation en allouant de l'argent aux électeurs dans les bureaux de vote ou en dehors de ceux-ci, afin d'influencer leur vote en faveur d'un candidat quelconque. Il en est de même des membres de l'administration électorale auxquels on octroie de l'argent ou des présents dans les bureaux de vote ou en dehors de ceux-ci, afin qu'ils favorisent un ou des candidats quelconques au détriment d'un autre ou des autres. Outre ces faits, il convient aussi de noter que le fait d'empêcher de quelque manière que ce soit une personne régulièrement inscrite sur la liste d'électeurs de voter constitue une cause qui peut affecter l'élection et susciter le contentieux électoral. L'empêchement de voter revêt un double aspect. Il peut s'agir du fait d'entraver un ou plusieurs électeurs, afin qu'ils n'exercent pas leur droit de vote. C'est le cas de l'empêchement fait aux militants des partis ou groupements des partis politiques quelconques de voter en faveur de leurs candidats. Il peut s'agir aussi du fait de retenir une ou plusieurs personnes contre leur gré dans un endroit donné durant le déroulement du scrutin, afin de les empêcher de prendre part au vote. C'est ce qu'on appelle la séquestration.

Par ailleurs, des faits de violence ou de voies de fait exercés sur les électeurs ou les candidats lors du déroulement du scrutin sont aussi constitutifs de cause qui peut susciter le contentieux électoral. Qu'ils aient eu lieu dans les bureaux de vote ou à proximité des bureaux de vote. Concernant la violence, c'est concrètement le cas constaté lors des dernières élections législatives et locales du 16 juillet 2017, d'agressions physiques et verbales dont étaient victimes plusieurs personnes en qualité d'électeurs ou de candidats afin de les intimider ou de les empêcher de prendre sereinement part aux opérations de vote. Les agressions physiques ne sont rien de moins que des coups ou blessures volontaires ou involontaires au préjudice de quiconque, dans le but d'entraver l'exercice de son droit de vote ou de prendre part aux joutes électorales en tant que candidat. Quant aux voies de fait, il s'agit d'irrégularités particulièrement flagrantes de l'administration. C'est par exemple le fait de l'administration de procéder à une opération matérielle dans des conditions manifestement insusceptibles de se rattacher à l'exercice de l'un de ses pouvoirs et qui porte atteinte à une liberté publique ou à un droit quelconque. La nature temporelle des violences et voies de fait est variable selon les cas et perceptible à travers tout le processus électoral. Ainsi, elles peuvent être commises avant le déroulement du scrutin, c'est-à-dire lors des opérations préparatoires au vote. C'est par exemple, le cas des violences et voies de fait perpétrées pendant la campagne électorale. Elles peuvent aussi être commises concomitamment au vote, c'est-à-dire durant les opérations de votation. C'est le cas des violences et voies de fait perpétrées le jour du vote dans les bureaux de vote ou en dehors de ceux-ci. Elles peuvent enfin être commises après le scrutin, en l'occurrence après la proclamation des résultats. C'est le cas des violences commises par les uns et les autres pour exprimer leur indignation à la suite de la proclamation officielle des résultats d'une élection. Par contre, ces faits sont constitutifs d'infractions électorales qui ne relèvent pas de la compétence du juge du contentieux électoral, mais du juge pénal. Il convient d'y revenir plus en détail dans les développements ultérieurs consacrés à l'objet du contentieux électoral. Après la clôture du scrutin et avant la proclamation des résultats la voie de fait peut consister, par exemple, au fait de l'administration électorale de retirer de la liste d'élus les noms et prénoms d'une personne régulièrement élue. Soit pour lui priver de sa victoire ou pour proclamer un autre candidat vainqueur à sa place alors qu'il a été battu. Ainsi, dans une affaire relative au scrutin du 05 août 2007 à l'occasion des élections législatives dans la circonscription unique de Sembé, Monsieur ND, candidat malheureux, avait introduit un recours en reformulation des résultats dudit scrutin, alléguant que le ministre en charge des élections a déclaré élu Monsieur NZ, au mépris des résultats réels qui le donnaient vainqueur. Mais, dans une décision rendue le 26 octobre 2007, la Cour constitutionnelle rejeta son recours pour défaut de preuves convaincantes. Ainsi, elle en décida que : « Considérant que l'article 56 alinéa 3 de la loi du 17 janvier 2003 sur la Cour constitutionnelle exige qu'à la requête soient annexées les pièces produites au soutien des moyens ;

Mais considérant que les pièces jointes à la requête ne sont pas signées par les autres membres de la commission locale d'organisation des élections ; que ces pièces ne préjugent pas de la véracité des faits allégués ; qu'ainsi, elles ne sauraient emporter la conviction de la Cour ;

Que dans ces conditions, le recours n'est pas fondé et doit être rejeté. »

La Cour constitutionnelle avait eu l'occasion de confirmer sa jurisprudence dans un cas similaire. En l'espèce, Monsieur AD, candidat malheureux au scrutin du 05 août 2007 relatif aux élections législatives dans la circonscription unique de Souanké, avait demandé la reformulation des résultats dudit scrutin, alléguant que les résultats du vote du bureau de Batapoumba n'avaient pas été pris en compte dans le décompte définitif. En soutien de ses allégations, il avait produit un bordereau de pièces. Mais, la Cour rejeta son recours pour défaut de preuves suffisantes dans une décision du 26 octobre 2007. Ainsi, elle en décida que :

« Considérant que l'article 56 alinéa 3 de la loi organique du 17 janvier 2003 portant organisation et fonctionnement de la

Cour constitutionnelle exige qu'à la requête soient annexées les pièces produites au soutien des moyens ;

Considérant que les pièces jointes à la requête ne constituent pas des preuves suffisantes pouvant conduire la Cour constitutionnelle à reformuler les résultats de l'élection législative dans la circonscription unique de Souanké ; qu'ainsi, la requête de Monsieur AD doit être rejetée. »

Enfin, pour clore cette section, il faut aussi préciser que la fausse propagande orchestrée par les candidats à la compétition électorale, directement ou indirectement, est aussi épinglée comme une cause susceptible d'altérer le scrutin et de susciter le contentieux électoral. Il s'agit concrètement du fait, par exemple, pour un candidat de véhiculer de fausses informations dans le but de créer un climat de psychose qui empêcherait les gens d'aller voter. Ces faits sont répréhensibles qu'ils soient perpétrés avant ou pendant le déroulement du scrutin. Ce qui importe, c'est la nature de l'influence négative qu'ils peuvent avoir sur l'élection en général, et sur le résultat final en particulier. Mais, force est de relever que ce fait n'est source du contentieux électoral que s'il est perpétré le jour du scrutin. En revanche, s'il est antérieur au scrutin, il sera considéré comme un délit électoral qui relève de la compétence des juridictions répressives. Ce point sera détaillé plus longuement dans le chapitre suivant, consacré à l'objet du contentieux électoral.

Section III : Les causes relatives au dénouement du scrutin.

Les causes relatives au dénouement du scrutin sont celles qui peuvent surgir après la clôture des opérations de vote. Or, après la clôture de ces opérations intervient une séquence importante qui consiste au dépouillement des bulletins de vote et au décompte des voix obtenues par les différents candidats avant la proclamation des résultats. Il s'agit donc sous cette rubrique d'examiner méticuleusement ces différentes séquences, afin de déceler les faits susceptibles de les altérer et de susciter le contentieux électoral. Ce qui appelle naturellement quelques questions essentielles : Quand, où et comment procède-t-on au dépouillement ? Qui en a la charge ? Qui doit proclamer les résultats ? La réponse à cette myriade d'interrogations se trouve dans la loi électorale au travers des articles 97 à 103. En effet, aux termes de l'article 97 de cette loi : « Il est procédé au dépouillement après la clôture du scrutin. Le dépouillement est public ; il est conduit sans désemparer jusqu'à son achèvement. Il a lieu dans le bureau de vote. »

Comme on peut le remarquer d'emblée, cet article ne définit pas ce qu'on entend par dépouillement. Il en détermine simplement le moment, le caractère et le lieu. En dépit de ce vide législatif définitionnel, le dépouillement est simplement une séquence du processus électoral qui intervient après la clôture du vote et consiste à ouvrir et compter les bulletins de vote afin de déterminer le nombre de voix obtenues par chaque candidat. Cette opération de grande envergure doit se faire en public, c'est-à-dire devant tous les acteurs concernés. Il s'agit des agents de l'administration électorale assistés des scrutateurs et des représentants des candidats. Il ne doit donc pas se faire à huis clos. Ce qui témoigne de l'esprit de transparence qui doit présider à la bonne gouvernance électorale. Ces agents ont la charge de le faire dans les bureaux de vote respectifs, et non ailleurs, et jusqu'à épuisement de tous les bulletins de vote. Il s'ensuit logiquement que le dépouillement fait à huis clos ou en dehors des bureaux de vote est un fait irrégulier qui affecte l'élection et peut conduire au contentieux électoral. Ensuite, l'article 97-1 met en exergue, de façon approfondie, la procédure du dépouillement en disposant que : « Le dépouillement du scrutin se déroule de la manière suivante :

- l'urne est ouverte et le nombre des bulletins uniques de vote est vérifié par le bureau de vote. Si ce nombre est supérieur à celui des émargements sur la liste, mention en est faite au procès-verbal ;

- les membres du bureau de vote effectuent le dépouillement des votes et le décompte des voix. Ils sont assistés par des scrutateurs choisis par le président du bureau de vote parmi les électeurs présents, sachant lire et écrire ;

- le dépouillement s'effectue sur une table unique ou sur plusieurs tables entre lesquelles le président répartit les bulletins uniques de vote ;

- à chaque table, l'un des scrutateurs déroule le bulletin unique de vote et le passe, déplié, à un autre scrutateur. Celui-ci lit, à haute voix, les indications portées sur le bulletin unique de vote, relevés par deux scrutateurs, au moins, sur les feuilles préparées à cet effet ;

- les tables sur lesquelles se fait le dépouillement du scrutin sont disposées de telle sorte que les électeurs puissent circuler aux alentours. »

Cet article est d'une limpidité si évidente qu'en faire de amples commentaires semble obstinément oiseux. Cependant, pour bien appréhender de manière apodictique les tours, contours et détours afférents à cette importante séquence propice aux irrégularités génératrices du contentieux électoral, il serait judicieux de s'y attarder tant soit peu. Ce qui participerait de la pédagogie utile, afin d'éclairer la lanterne de nombreux d'entre nous sur le contentieux électoral et d'inculquer la culture démocratique et la culture judiciaire qui nous font tant défaut. Ceci étant, force est de constater que l'essentiel de la procédure du dépouillement, c'est-à-dire de la manière dont il doit être fait se rattache aux éléments matériels et aux personnes qui ont en la charge. Concernant les éléments matériels, il s'agit des urnes, des bulletins de vote et de la table sur laquelle seront déroulés les bulletins. Ainsi, le dépouillement commence par l'ouverture des urnes afin de les vider de tous les bulletins de vote qui s'y trouvent. Ensuite, ces bulletins sont dépliés et contrôlés afin d'opérer le décompte des voix. Quant aux personnes qui interviennent pour réaliser cette opération, il y a d'une part les membres du bureau de vote concerné chargés directement de faire le dépouillement et le décompte des voix et, d'autre part des scrutateurs ayant pour mission de les assister. Toutes ces personnes n'ont donc pas les mêmes droits au regard du dépouillement et du décompte. Les premiers sont des agents de l'administration électorale et les seconds sont désignés parmi les électeurs par le président du bureau de vote pour aider les premiers. A la fin de cette séquence, les agents chargés du dépouillement et du décompte des voix dressent un procès-verbal y relatif. Durant cette opération, les bulletins de vote ne sont retenus que s'ils sont valables, c'est à dire conformes aux exigences légales. Ainsi, les bulletins qui ne répondent pas aux prescriptions légales sont purement et simplement écartés. Il s'agit en l'occurrence des bulletins nuls. A cet effet, l'article 98 en donne une énumération exhaustive en disposant que :

« Les bulletins uniques de vote nuls ne sont pas considérés comme suffrages exprimés.

Sont considérés comme nuls :

- plusieurs bulletins uniques de vote collés, pliés et introduits dans l'urne ;
- les bulletins uniques de vote comportant des mentions griffonnées ou déchirées ;
- les bulletins uniques de vote entièrement ou partiellement barrés ;
- les bulletins uniques de vote pliés avec, à l'intérieur, des objets étrangers au vote. »

A partir de ce moment, il incombe au président du bureau de vote concerné de publier et d'afficher les résultats provisoires du scrutin devant ce bureau de vote. Aussi, doit-il d'abord les remettre aux représentants de chaque candidat, au moyen d'un formulaire dûment signé de toutes les parties. Ensuite, il les transmet à la commission locale d'organisation des élections au moyen d'un procès-verbal accompagné des bulletins uniques de vote qui ont été annulés, d'une feuille qui constate le dépouillement des votes dûment annulés et les observations faites par le bureau de vote relativement au déroulement du scrutin. Ces exigences qui découlent de l'article 99 de la loi électorale sont relativement nouvelles, car elles sont consacrées par la loi électorale du 23 janvier 2016 et conservées par la nouvelle loi du 12 mai 2017. Ce qui opère un revirement remarquable d'avec la législation électorale antérieure et tend à améliorer et renforcer la bonne gouvernance électorale. En effet, à partir de la publication et de l'affichage des résultats bureau de vote par bureau de vote, les candidats concernés ainsi que quiconque sont parfaitement au courant des résultats partiels qui préfigurent les résultats finaux qui seront proclamés par le ministre en charge des élections. C'est dire que si cette procédure est effectuée de façon rigoureuse et conformément aux prescriptions légales, il n'y aurait pas de problèmes quant à la sincérité du résultat final. Au pire, elle réduirait de façon considérable l'ampleur des errements pouvant vicier le résultat final tant elle participe de la transparence électorale. Aussi, permet-elle de mettre la pression sur les autres rouages qui se situent à un niveau élevé de l'administration électorale, en exerçant un effet dissuasif susceptible d'éviter éventuellement les dérives ultérieures.

Par ailleurs, il sied de souligner qu'après que la commission locale d'organisation des élections a reçu tous les résultats qui lui ont été transmis par les présidents de tous les bureaux de vote, elle assume d'importantes obligations que lui fait peser l'article 100 de la loi électorale. D'abord, elle assure la compilation de tous ces résultats sous l'autorité de son président par devers le délégué national de la commission nationale d'organisation des élections. Ensuite, elle en dresse un procès-verbal signé par tous les membres du bureau de la commission locale d'organisation des élections et du délégué national. Enfin, ce procès-verbal est transmis à la commission nationale d'organisation des élections accompagné des documents requis. Il incombera donc à cette commission de centraliser tous les résultats en provenance des différentes commissions locales d'organisation des élections et d'en établir un rapport. Au final, toute cette procédure débouche à la proclamation des résultats des élections par le ministre en charge des élections, sous réserve du contentieux électoral. Ce qui signifie qu'à ce stade les résultats proclamés par le ministre de l'Intérieur ne sont que provisoires. Cependant, la Cour constitutionnelle proclame les résultats définitifs du référendum et de l'élection présidentielle quinze jours après que la Commission nationale électorale indépendante lui a transmis les résultats provisoires et les procès-verbaux y relatifs.

Comme on le voit, la narration de la procédure relative au dépouillement des bulletins de vote suivi du décompte des voix est très importante au regard des intérêts qu'elle comporte. Sur le plan théorique, elle participe de l'exaltation de la bonne gouvernance électorale et du renforcement de la démocratie. Sur le plan pratique, elle facilite la proclamation des résultats finaux. L'intérêt général qui préside à cette étude minutieuse est d'amener les uns et les autres à comprendre qu'au cours de toutes ces séquences, un fait désagréable peut altérer l'élection et conduire au contentieux électoral. Or, cette compréhension ne peut être facilement assurée qu'en exposant dans les détails comment se déroule la procédure inhérente au dénouement du scrutin.

Tout compte fait, les causes qui induisent le contentieux électoral découlent des faits ou actes susceptibles d'affecter la bonne gouvernance électorale tout au long de son processus. Ce processus est si long et compartimenté en diverses séquences que ces errements peuvent surgir à tout moment jusqu'à la proclamation des résultats, en ce qu'une voie de fait peut, dans le pis des cas, priver un candidat régulièrement vainqueur d'être proclamé élu en faveur d'un autre régulièrement battu. Après avoir examiné minutieusement les causes qui déclenchent le contentieux électoral, il convient dès lors d'étudier l'objet du contentieux électoral au Congo.

CHAPITRE II :

L'OBJET DU CONTENTIEUX ELECTORAL

A titre de rappel, il sied de redire que l'objet du contentieux électoral est simplement ce sur quoi il porte. Au Congo, il est déterminé par la loi électorale en son article 104 en vertu duquel : « Le contentieux électoral porte sur les actes préparatoires et les opérations de vote. » Il y appert que la loi électorale limite strictement l'objet du contentieux électoral. Cette limitation réduit considérablement le champ d'application du contentieux électoral, en y excluant plusieurs faits dont les manifestations peuvent pourtant perturber l'organisation des élections. Ainsi, il est important de déterminer d'une part les faits ou actes inclus dans le contentieux électoral, et d'autre part ceux qui en sont exclus.

Section I : Les faits inclus dans le contentieux électoral.

Comme il vient d'être dit, l'objet du contentieux électoral se réduit uniquement aux actes préparatoires à l'élection et aux opérations relatives au vote. Aussi, faut-il rappeler que les actes préparatoires dont il s'agit ici sont ceux énumérés à l'article 106 de la loi électorale, évoqué de façon détaillée dans les développements précédents. Il s'agit donc de la révision, de l'établissement et de l'affichage des listes électorales ; de l'établissement et de la distribution des cartes d'électeurs ; de l'établissement des bulletins de vote et des formulaires ; de la distribution du matériel électoral ; de l'impression des logos et des emblèmes des candidats et de tout acte lié aux modalités de recevabilité des candidatures. A ces actes s'ajoutent ceux qui sont liés au déroulement du scrutin, c'est-à-dire à la deuxième phase du processus électoral. Il s'agit concrètement des actes qui se rapportent au vote proprement dit, c'est-à-dire l'ouverture des bureaux de vote, la présence des membres de l'administration électorale et des représentants des candidats dans tous les bureaux de vote, l'existence des urnes vides et des isoloirs à l'ouverture des bureaux de vote, l'existence des formulaires de transcription des résultats et la mise en place de tout le matériel indispensable au scrutin.

L'intérêt qui préside à la limitation du domaine de l'objet du contentieux électoral est sans doute d'éviter les recours abusifs. Car, ces recours intempestifs ont l'inconvénient d'engorger les juridictions chargées de connaître du contentieux électoral et d'allonger le processus électoral. Ce qui risque de nuire à la stabilité socio-politique dans la mesure où les élections en Afrique en général, et au Congo en particulier sont des moments de haute tension propice à la violence ou à toute sorte de dérives. Par conséquent, le législateur ayant la lourde responsabilité de réguler la société en érigeant des normes qui visent à protéger les populations et l'intérêt général au moyen de la sauvegarde de l'ordre public, doit strictement encadrer l'exercice de certains droits individuels, notamment ceux qui se rapportent à l'action en justice en matière électorale. Il s'ensuit évidemment que plusieurs faits sont exclus de l'étendue du contentieux électoral. Il convient dès lors de les examiner minutieusement dans les développements suivants.

Section II : Les faits exclus du contentieux électoral.

Après l'accomplissement des actes préparatoires en prélude au déroulement des élections, plusieurs faits délictueux peuvent surgir avant, pendant ou après les opérations de vote et les perturber. La loi électorale exclut ces faits délictueux du champ du contentieux électoral. En réalité, il s'agit des infractions électorales qu'on peut classer en trois catégories : les délits électoraux antérieurs aux opérations de vote, les délits électoraux concomitants aux opérations de vote et les infractions postérieures au vote ou relatives à plusieurs phases de la consultation électorale. La loi électorale en précise les différents types et en détermine le régime juridique au travers des articles 126 et suivants. Ainsi, l'article 126 dispose que :

« Sans préjudice des dispositions du code pénal et des dispositions législatives et réglementaires sur les réunions publiques, sont poursuivis devant les juridictions répressives, les délits électoraux commis antérieurement aux opérations de vote, tels que définis au présent chapitre. »

Il ressort de cette disposition que ces délits échappent à l'objet du contentieux électoral. En conséquence, ils relèvent de la compétence du juge du contentieux de droit commun, en l'occurrence le juge pénal, et non de la compétence du juge du contentieux électoral. Donc, il ne faut pas confondre le délit électoral avec le contentieux électoral. Le premier n'induit pas forcément le deuxième. Le délit électoral est multiforme et opère donc dans un domaine très large. Il s'agit d'abord des faits qui surgissent pendant la campagne électorale ou en marge de celle-ci. Ainsi, on peut noter toute fraude dans la délivrance ou la production d'un certificat d'inscription ou de radiation, de la violation de l'obligation de réserve du fait d'une autorité administrative qui a participé à la propagande électorale, de toute propagande électorale en dehors de la période légale réservée à la campagne, de l'utilisation des panneaux dans un autre but que la présentation et la défense d'une candidature et d'un programme, du fait d'un candidat de céder à un tiers son emplacement d'affichage, de la destruction d'affiches régulièrement apposées et de la diffusion, après la clôture de la campagne, de tout message relatif à la propagande électorale.

La Cour constitutionnelle s'est plusieurs fois prononcée à ce sujet. Ainsi, à la suite du scrutin du 15 juillet 2012 relatif aux législatives dans une circonscription du département du Niari, Monsieur MAF, candidat malheureux, avait introduit un recours en annulation des résultats dans certains bureaux de vote et demandait à être déclaré élu. Il alléguait plusieurs irrégularités, notamment le climat de tension et de violence avant et pendant le déroulement du scrutin et la propagation des fausses nouvelles. En soutien à ses allégations, il avait joint à sa requête des comptes rendus adressés par le commissaire de la localité à sa hiérarchie relatifs aux incidents et au déroulement de la campagne électorale ; un rapport circonstancié du sous-préfet de ces événements violents et 15 copies de formulaires de transcription et de proclamation des résultats provisoires. Mais, dans une décision du 17 octobre 2012, la Cour constitutionnelle rejeta sa requête pour incompétence. Ainsi, elle en décida que :

« Considérant que les griefs relatifs aux faits de violence et à la propagation de fausses nouvelles dénoncés par Monsieur MAF. et qui ont commencé bien avant le premier tour de l'élection législative, même s'ils étaient avérés, sont aux termes de l'article 126 de la loi électorale du 10 décembre 2001 des délits électoraux antérieurs aux opérations de vote susceptibles d'être poursuivis devant les juridictions répressives ; qu'ils ne peuvent donner lieu à une procédure d'annulation du scrutin devant le juge constitutionnel ; que ces moyens ne peuvent être retenus. » Dans une autre affaire quasiment similaire, la Cour constitutionnelle confirma sa jurisprudence. En l'espèce, Monsieur MAS, candidat malheureux au scrutin du 5 août 2012 relatif aux élections législatives organisées à Louingui dans le département du Pool, avait introduit un recours en annulation alléguant, notamment, la poursuite de la campagne électorale au-delà de la période légale et la destruction de ses banderoles et effigies. Dans une décision du 26 octobre 2012, la Cour constitutionnelle en décida que : « Considérant que les faits de poursuite de la campagne électorale au-delà de la période légale et de destruction des banderoles et effigies, même s'ils étaient avérés, sont, aux termes de l'article 126 de la loi électorale du 10 décembre 2001 des délits électoraux antérieurs aux opérations de vote susceptibles d'être poursuivis devant les juridictions répressives ; qu'ils ne peuvent donner lieu à une procédure d'annulation du scrutin devant le juge constitutionnel ; que ces moyens ne peuvent être retenus. »

Ensuite, en ce qui concerne les délits électoraux concomitants aux opérations de vote, c'est-à-dire ceux qui sont commis le jour du vote, les articles 130 à 137 en déterminent le régime et en définissent les différents types. Aux termes de l'article 130 de la loi électorale :

« Sans préjudice des dispositions des articles 132, 133 et 134 de la présente loi, sont poursuivis, devant les juridictions répressives, les délits électoraux concomitants aux opérations de vote tels que définis au présent chapitre. »

Il s'ensuit une énumération légale de ces délits électoraux qui échappent donc à l'objet du contentieux électoral. Il s'agit du fait de distribuer directement ou indirectement le jour du vote, des bulletins, des circulaires ou tout document ayant un caractère de propagande électorale ; de la confiscation illégale du matériel électoral ; du fait d'exercer des pressions sur les électeurs afin d'influencer leur vote sur les lieux du scrutin ou à proximité de ceux-ci ; du fait d'entrer dans les bureaux de vote avec une arme sauf en dehors des agents de la force publique ; du fait d'outrage ou de violence imputables aux électeurs ou aux candidats envers le bureau de vote ou à l'encontre des membres du bureau de vote ou encore à l'encontre d'autres candidats ou qui, par voie de fait ou menace, ont retardé ou empêché les opérations électorales. Aussi, s'agit-il du fait d'expulser sans motif légitime directement ou indirectement de la salle de vote un assesseur ou un délégué ou l'empêcher d'exercer ses prérogatives. Il s'agit, en outre, du fait de faire entrave à l'inscription au procès-verbal des opérations de vote les observations présentées par un membre du bureau par le représentant d'un candidat ou d'une liste. Il s'agit, enfin, de toute manœuvre frauduleuse qui vise, par exemple, à empêcher le vote par procuration ou d'en faire un usage illicite.

A titre d'illustration, concernant les délits concomitants au déroulement du scrutin, il a été donné de constater lors des dernières élections législatives du 16 juillet 2017 des actes de violence physique imputables à certains candidats ou à leurs électeurs. Soit, à l'encontre d'autres candidats ou d'autres électeurs ; soit à l'encontre des membres de l'administration électorale ; soit même à l'encontre du matériel électoral. Ces faits récurrents eurent lieu dans l'une des circonscriptions du département de la Cuvette-Ouest entraînant même la disqualification de certains candidats par le ministre de l'Intérieur. En revanche, dans une circonscription de Poto-Poto les mêmes faits de violence au préjudice d'un candidat, amplifiés par la destruction de ses panneaux de campagne étaient constatés, mais sans aucune suite administrative ou judiciaire. Il en était de même dans l'une des circonscriptions de Ouenzé où, lors du deuxième tour, les mêmes faits de violence exacerbée eurent contraint le candidat qui en fut victime de se retirer sans qu'aucune procédure administrative ou judiciaire ne fût enclenchée. Dans une autre circonscription de Ouenzé, des incidents avaient aussi éclaté à cause de la venue massive à bord des bus des électeurs d'autres circonscriptions pour y voter.

A Moungali également, il avait été donné de constater la tentative d'entrave faite par un jeune électeur au préjudice des personnes âgées afin de les empêcher de voter. Aussi, a-t-on constaté quelques échauffourées notamment à Nyanga où des pneus étaient brûlés par certains esprits inciviques. En 2012, le même type de violence à l'encontre de certains candidats aux élections législatives fut aussi constaté dans plusieurs circonscriptions à l'échelle nationale. Bref, la violence durant la phase du déroulement du vote est un délit électoral récurrent dans notre pays.

Enfin, concernant les infractions post-électorales ou qui se rapportent à plusieurs phases de la consultation électorale, elles sont régies par les articles 138 à 143 de la loi électorale. Ainsi, aux termes de l'article 138 de ladite loi : « Sans préjudice des dispositions du code pénal, sont poursuivis devant les juridictions pénales, les auteurs des infractions électorales commises postérieurement au vote ou se rapportant à plusieurs phases de la consultation électorale, telles que définies au présent chapitre. »

La liste de ce type d'infractions électorales est égrenée par les articles 139 à 143. Il s'agit de celles qui s'articulent autour de la violation du scrutin. Cette violation peut émaner des membres de l'administration électorale étrangers au bureau de vote en question. Elle peut provenir aussi des agents de l'autorité chargée de garder les bulletins non encore dépouillés. On peut également noter le refus ou l'omission volontaire par le président d'un bureau de vote de faire consigner au procès-verbal des opérations de vote, les observations formulées par un candidat ou son représentant au sujet du déroulement du vote, du dépouillement ou du décompte des voix. Le même principe se retrouve également dans d'autres pays. Ainsi, à titre de droit comparé, la justice ivoirienne avait condamné 149 accusés sur 192 personnes poursuivies du chef des crimes post-électoraux perpétrés à l'occasion de l'élection présidentielle querellée de 2010, dans une décision rendue le 10 mai 2018. Les peines prononcées à cet effet varient entre 5 ans d'emprisonnement et la perpétuité. Comme au Congo, il s'agit donc d'infractions post-électorales qui relèvent de la compétence du juge répressif ivoirien et non du juge du contentieux électoral.

Par ailleurs, il y a aussi le fait pour quiconque aura violé ou tenté de violer le secret du vote, porté atteinte à sa régularité, empêché ou tenté d'empêcher les opérations du scrutin ou qui en a changé les résultats. Qu'il ait agi ainsi, soit dans une commission électorale, soit dans un bureau de vote ou dans les bureaux des circonscriptions administratives. Que ces faits aient eu lieu avant, pendant ou après le scrutin. Il en est de même de ceux qui usent de manœuvres frauduleuses pour porter atteinte à la régularité du vote, même en dehors des bureaux ou des commissions électorales. Un cas concret d'infractions post-électorales était à relever à l'occasion des élections législatives du 16 juillet 2017. En effet, Monsieur M, ancien candidat malheureux à ces élections dans l'une des circonscriptions de Ouenzé, avait introduit un recours en contestation devant la Cour constitutionnelle. A l'orée de la décision qui devait être rendue par cette cour, il avait dénoncé le mercredi 27 septembre 2017 sur une chaîne de télévision privée l'atteinte perpétrée contre ses biens. Son hôtel avait été saccagé quelques jours avant que la Cour constitutionnelle ne rendît sa décision. Selon lui, ces faits étaient imputables à son adversaire politique contre lequel il avait contesté l'élection. A tort ou à raison, ces actes de violence aveugle traduisent malheureusement l'ampleur des dérives relatives au contentieux électoral au Congo avant, pendant et après le déroulement du scrutin.

En définitive, les différentes infractions électorales qui viennent d'être énumérées sont exclues du contentieux électoral et ne relèvent donc pas de la compétence du juge du contentieux électoral, qu'il s'agisse du juge constitutionnel ou du juge administratif. Comme dit plus haut, elles relèvent de la compétence du juge répressif.

En outre, l'administration électorale peut aussi être saisie ou se saisir aux fins de punir les faits relatifs au mauvais comportement de certains candidats ou de leurs représentants. En effet, cette administration étant placée sous la tutelle du ministre en charge des élections, ce dernier peut donc sévir et punir les faits délictueux nés à l'occasion du processus électoral qu'ils soient commis avant, pendant ou après les élections. En dehors du ministre en charge des élections, d'autres responsables de l'administration électorale centrale ou décentralisée peuvent aussi sanctionner les actes illicites perpétrés dans leurs circonscriptions respectives. Pour ce faire, l'administration électorale peut être saisie par les victimes ou s'autosaisir après avoir été informée par les tiers ou par ses propres moyens. Ainsi, pendant la déclaration des candidatures aux législatives du 16 juillet 2017, un candidat frappé d'inéligibilité bien qu'ayant été mis en disponibilité pour briguer un mandat électif continuait d'accomplir certaines tâches liées à son travail. Le ministre de l'Intérieur avait annulé sa candidature au motif que ce fait était frauduleux et viciait l'esprit d'éthique qui préside à la bonne tenue des élections. Dans la même perspective, l'administration électorale peut aussi disqualifier certains candidats coupables d'actes ou faits répréhensibles. Ainsi, pendant la campagne électorale, par exemple, un candidat coupable d'actes délictueux ou criminels peut être disqualifié. En ce sens, certains candidats étaient disqualifiés lors des mêmes législatives après des actes de violences avérés posés dans le département de la Cuvette-Ouest ayant entraîné le report du vote au lundi 24 juillet 2017, soit une semaine après le début du scrutin sur l'étendue du territoire national. Ils étaient coupables de coups et blessures volontaires au préjudice d'autres concurrents, de trouble à l'ordre public et de destruction du matériel électoral. A cet effet, l'essentiel de l'interview accordée par le Président de la Commission nationale électorale indépendante au journal LA SEMAINE AFRICAINE n° 3709 du mardi 18 juillet 2017 est très édifiant :

« Il y a des candidats comme ça, quelques candidats hors-la-loi. Mais, la loi électorale comporte les instructions pénales. Nous allons les mettre en œuvre. Nous allons donner l'ordre aux agents et officiers de police judiciaire de procéder à l'interpellation de tous ceux qui ont commis ce désordre et de les entendre sous procès-verbal. Pour qu'à la fin, s'il y a infractions qui ont été commises, ces personnes-là répondront devant les tribunaux répressifs (...) On peut aller jusqu'à faire interdiction à certaines personnes d'avoir à se présenter aux élections politiques pendant un temps qui sera déterminé par le juge. »

Auparavant, lors du déroulement du scrutin relatif aux législatives de 2002, l'administration électorale avait aussi disqualifié une candidate, Madame NG, dans l'une des circonscriptions de Ouenzé, coupable de fraude avérée. Il en est de même de Monsieur M.N, candidat dans l'une des circonscriptions de Talangaï. Ces disqualifications respectives furent prononcées par le Président de la Commission nationale électorale de naguère. Par ailleurs, il faut spécifier qu'en dehors des sanctions infligées aux individus, le ministre en charge des élections peut suspendre un parti politique en cas de trouble à l'ordre public qui lui est imputable et ordonner la fermeture provisoire de ses locaux, conformément à l'article 31 de la loi du 12 mai 2017 relative à la création, à l'existence et au financement des partis politiques au Congo. Cette décision doit être motivée et notifiée au représentant légal du parti politique concerné et au procureur de la République compétent dans les cinq jours suivant son prononcé. Aussi, cette suspension ne doit-elle pas dépasser une durée de six mois.

Outre l'administration électorale, comme dit plus haut, les infractions électorales antérieures, concomitantes ou postérieures aux opérations électorales peuvent donner lieu à un contentieux autre que celui qui est relatif aux élections. Il s'agit donc d'un contentieux de droit commun qui relève de la compétence du juge pénal. Il appartiendra aux victimes de tels faits, indépendamment des sanctions éventuelles que l'administration électorale peut infliger aux contrevenants, de saisir les juridictions répressives. Concrètement l'administration électorale peut aussi, comme précisé dans l'interview du Président de la Commission nationale électorale indépendante, saisir les juridictions répressives pour faire condamner les auteurs des faits incriminés. D'une façon générale, les quelconques victimes peuvent également porter plainte contre les auteurs présumés de ces faits à la police ou à la gendarmerie ou directement auprès du procureur de la République du ressort duquel ces faits ont été commis. Elles peuvent aussi enjamber ces autorités et porter directement plainte avec constitution de partie civile auprès du doyen des juges d'instruction. Ce qui oblige ce dernier à instruire l'affaire aux fins de jugement par la juridiction compétente. En matière électorale, ces faits sont prescrits après l'écoulement d'une durée de six mois sauf en cas de délits relatifs à l'exercice des droits civiques définis par le Code pénal. Ce délai spécial court à partir de la proclamation du résultat de l'élection concernée. A ce stade une question s'impose : La condamnation des coupables peut-elle avoir des conséquences sur les résultats proclamés ? En vérité, non. En ce sens, l'article 148 de la loi électorale dispose clairement que :

« Les condamnations prononcées en application des dispositions du présent titre, des dispositions du code pénal, ainsi que des dispositions législatives et réglementaires sur les réunions publiques, ne peuvent en aucun cas avoir pour effet d'annuler les élections déclarées valides ou devenues définitives en l'absence de tout recours contentieux formé dans les délais légaux. »

Mais, il sied de préciser que le juge pénal peut, outre la condamnation des coupables à des peines d'amende et/ou d'emprisonnement ou de détention, leur infliger aussi des peines complémentaires en fonction des circonstances factuelles. Il s'agit de la déchéance des droits civils ou politiques comme notamment la perte de l'autorité parentale ou la perte du droit de vote et d'être éligible pendant une durée déterminée. Quid des élus qui ont été condamnés postérieurement à la proclamation des résultats ? La dernière ligne de l'article 148 sus-indiqué semble laisser supposer qu'en cas de résultats provisoires, cette condamnation peut affecter l'élection du coupable élu. Quoi qu'il en soit, en droit pénal pur, en cas de condamnation à une peine d'emprisonnement ou de détention, ils ne pourraient plus siéger. Car, il est inimaginable que des personnes condamnées à une peine de prison puissent siéger au Parlement ou dans une assemblée locale. Ce qui devrait entraîner l'annulation de leur mandat électif et la tenue des élections partielles afin d'élire d'autres personnes. C'est le sens de l'article 66 alinéa 6 et de l'article 76 de la loi électorale qui concernent respectivement les députés et les sénateurs. Ainsi, l'article 66 alinéa 6 dispose que :

« Le député perd son mandat s'il fait l'objet d'une condamnation à une peine infamante. En ce cas, la décision de condamnation est transmise par le Procureur général près la Cour suprême, pour notification, au Président de l'Assemblée nationale. »

Quant aux sénateurs, l'article 76 de la loi électorale prévoit que : « Le sénateur perd son mandat s'il fait l'objet d'une condamnation à une peine infamante. En ce cas, la décision de condamnation est transmise par le Procureur général près la Cour suprême, pour notification au Président du Sénat. »

Alors, quid des élus locaux ? Et, qu'entend-on par peine infamante ? Il serait logique d'appliquer le même principe de condamnation aux élus locaux même si la loi électorale ne le prévoit pas expressément. En matière pénale, il existe une catégorie des peines susceptibles d'être prononcées par le juge. Il y a des peines criminelles qui sanctionnent les crimes, des peines correctionnelles qui sanctionnent les délits et des peines de police qui sanctionnent les contraventions. Les peines criminelles sont afflictives et infamantes. Les peines afflictives sont celles qui affligent le condamné et le frappe directement. Il s'agit par exemple de la réclusion criminelle à perpétuité ou de la réclusion criminelle à temps. Les peines infamantes sont celles qui le déshonorent. Il s'agit par exemple de la dégradation civique, c'est-à-dire de la déchéance des droits politiques.

Après avoir diagnostiqué le mal, en avoir déterminé les causes et précisé l'objet, il est nécessaire de lui appliquer le remède approprié, à l'instar d'une thérapie médicale, afin de guérir le mal à la racine : « Aux grands maux de grands remèdes », nous dit-on. Pour ce faire, il convient d'examiner dans la deuxième partie de cet ouvrage le mode de règlement du contentieux électoral au Congo.

DEUXIEME PARTIE :

LE REGLEMENT DU CONTENTIEUX ELECTORAL

Au Congo, le régime juridique relatif au règlement du contentieux électoral repose sur un socle composite. Il comprend la Constitution et la loi électorale n° 19-2017 du 12 mai 2017 modifiant et complétant les lois électorales successives du 10 décembre 2001, du 25 mai 2007, du 23 mai 2012, du 1er septembre 2014 et du 23 janvier 2016. C'est dire qu'entre 2001 et 2017, la loi électorale en vigueur au Congo a été réformée cinq fois. Il y a ensuite, la loi organique n° 28-2018 du 7 août 2018 portant organisation et fonctionnement de la Cour constitutionnelle. Elle a abrogé la loi n° 1-2003 du 17 janvier 2003 portant organisation et fonctionnement de la Cour constitutionnelle. En vérité, cette nouvelle loi n'opère pas de révolution par rapport à l'ancienne. Elle la réaménage sensiblement en gardant l'essentiel de sa substance. C'est dire, qu'une nouvelle loi modifiant et complétant certaines dispositions de l'ancienne loi aurait été suffisante afin d'éviter l'inflation législative. En toute évidence, cette nouvelle loi ne s'appliquera qu'au contentieux postérieur à son entrée en vigueur. Le contentieux dont il s'agit dans ce livre lui étant antérieur est régi sous l'empire de l'ancienne loi du 17 janvier 2003. Mais, pour une large compréhension, il ne serait pas inutile d'évoquer parallèlement les dispositions de ces deux lois organiques qui se rapportent au règlement du contentieux électoral au Congo. Aussi, convient-il d'ajouter à cette panoplie de textes juridiques, le Code de procédure civile, commerciale, administrative et financière, en sigle CPCCAF.

En toute chose, la connaissance est utile autant que l'est la méthode d'approche pour comprendre ce qu'on a appris pour l'utiliser dans la pratique et pour le transmettre aux autres. Ainsi, en droit du contentieux, la méthode d'approche du règlement des conflits qui sied doit, me semble-t-il, s'articuler autour du triangle juridique dénommé volontiers **« F.P.R. »** La pointe représente le « F », c'est-à-dire les **Faits** ; la base étant représentée d'une part par le « P », c'est-à-dire la **Procédure**, et d'autre part par le « R », c'est-à-dire le **Régime juridique**. Quel que soit cet avis personnel qui résulte de la formation acquise en matière de règlement des conflits, il est impératif de se poser trois questions incontournables. D'abord, quelle est la juridiction compétente pour connaître du contentieux existant ? C'est le problème de la détermination de la compétence. Ensuite, comment doit-on faire pour la saisir ? C'est le problème de la détermination de la procédure y relative. Enfin, quel est le droit applicable pour trancher ce contentieux ? C'est le problème de la détermination du droit fondamental y relatif. C'est donc le développement de la réponse à ces trois questions essentielles qui va structurer la deuxième partie de ce livre.

CHAPITRE I :

LA COMPETENCE EN MATIERE DE REGLEMENT DU CONTENTIEUX ELECTORAL

D'une façon générale, le mot « compétence » revêt une double acception. Sur le plan technique, il désigne la capacité dont peut faire preuve une personne dans l'exercice de sa prestation. C'est la compétence technique. Sur le plan juridique, c'est l'aptitude légale reconnue à une personne d'accomplir un acte. C'est la compétence juridique. Ainsi définie, la compétence en matière juridictionnelle est l'aptitude légale reconnue à un juge de connaître d'une affaire, c'est-à-dire de l'instruire, de la trancher ou d'y ordonner une mesure. C'est évidemment de cette dernière acception qu'il s'agit dans ce chapitre. On distingue trois sortes de compétence juridique. Il y a d'abord la compétence territoriale, dite « ratione loci », c'est-à-dire celle qui détermine le lieu où se situe la juridiction chargée de connaître de l'affaire. Il y a ensuite la compétence matérielle, dite « ratione materiae », c'est-à-dire celle qui détermine ce sur quoi porte l'affaire. Il y a enfin, la compétence d'attribution ou compétence personnelle, dite « ratione personae », c'est-à-dire celle qui détermine plus précisément au sein de la juridiction compétente le juge habilité à connaître de l'affaire.

Ceci étant, la compétence en matière de règlement du contentieux électoral au Congo est variable selon la nature de l'affaire. Or, cette nature est déterminée par le type d'élection querellée et le type d'opérations électorales en cause. Ainsi, elle n'est pas la même selon qu'il s'agit des élections référendaires, présidentielle, législatives, sénatoriales ou locales. Aussi, varie-t-elle selon qu'il s'agit des actes préparatoires à l'élection ou des opérations relatives au déroulement du vote.

Section I :
La compétence en matière d'élections référendaires, présidentielle, législatives et sénatoriales.

En démocratie, il existe plusieurs types d'élections dont le but est de permettre l'expression du peuple conformément aux prescriptions de la Constitution. C'est par exemple le cas du référendum. Ce mode d'expression du souverain primaire relève de l'initiative du Président de la République ou des parlementaires. L'élection présidentielle permet au peuple de désigner au suffrage universel direct celui ou celle qui présidera aux destinées de la Nation tout en entière. Les législatives et les sénatoriales sont destinées à élire les représentants de la Nation au Parlement. Il y a d'une part les députés élus au suffrage universel direct et, d'autre part les sénateurs élus au suffrage universel indirect, c'est-à-dire par les grands électeurs que sont les conseillers départementaux résultant eux-mêmes des élections locales. Mais, à l'occasion de chaque scrutin on constate souvent des tensions ponctuées de violence de toute sorte et des contestations qui suscitent des litiges dont la saisine du juge compétent est nécessaire. Au Congo, les litiges relatifs aux élections référendaires, présidentielle, législatives et sénatoriales relèvent de la compétence de la Cour constitutionnelle. A ce titre, elle veille à la régularité des opérations du référendum et examine les réclamations relatives à l'élection présidentielle. Concernant les législatives et les sénatoriales, l'article 177 alinéa 1 de la Constitution dispose que :

« La Cour constitutionnelle est juge du contentieux des élections législatives et sénatoriales. A ce titre, elle examine les recours relatifs à la contestation des candidatures et aux résultats de ces élections. »

Cette consécration est corroborée et amplifiée par la loi électorale en tant que texte d'application de la loi fondamentale. Ainsi, son article 110 prévoit que :

« Le contentieux relatif aux élections à la Présidence de la République et aux assemblées parlementaires relève de la compétence du juge constitutionnel. »

Dans le même ordre d'idées, l'article 53 de l'ancienne loi organique du 17 janvier 2003 portant organisation et fonctionnement de la Cour constitutionnelle, devenu articles 58 et 59 de la nouvelle loi du 7 août 2018, conforte sa compétence en matière de contentieux inhérent aux élections présidentielle, législatives et sénatoriales. La seule différence entre ces articles se situe sur la forme et non sur le fond. Ainsi, l'article 53 de l'ancienne loi disposait que : « L'élection du Président de la République peut être contestée devant la Cour constitutionnelle (…)

L'élection d'un député ou d'un sénateur peut être contestée devant la Cour constitutionnelle (…) »

La nouvelle loi reprend ces mêmes dispositions à travers deux articles différents. Ainsi, l'article 58 concerne la compétence de la Cour constitutionnelle en cas de contestation de l'élection présidentielle, et l'article 59 concerne la contestation des élections législatives et sénatoriales. Quant aux élections référendaires, il résulte de l'article 65 de l'ancienne loi, devenu l'article 55 de la nouvelle loi, que la Cour constitutionnelle peut valider ou annuler les opérations liées au référendum en cas d'irrégularités. La loi lui confère donc la latitude de le faire ou de ne pas le faire au regard de la nature et de la gravité des irrégularités constatées. Outre la nature de l'élection concernée, force est de préciser que quant à l'objet, la Cour constitutionnelle est compétente pour connaître des contestations relatives aux candidatures et aux résultats des élections présidentielle, législatives et sénatoriales, comme cela ressort de l'article 177 alinéa 1 de la Constitution. C'est dire qu'en vertu de l'article 105 de la loi électorale :

« Le contentieux des actes préparatoires et des élections locales relève de la compétence du tribunal de grande instance, statuant en matière administrative. »

En définitive, en matière de contentieux électoral, la compétence est partagée entre la Cour constitutionnelle et le Tribunal administratif selon l'objet de la cause. La Cour constitutionnelle s'est prononcée plusieurs fois sur le problème de sa compétence matérielle. Ainsi, trois cas d'espèces sélectionnés illustrent la constance de sa jurisprudence à ce sujet. Dans le premier cas, il s'agit d'une requête en contestation introduite par Monsieur MB à l'occasion des législatives du 15 juillet 2012, dans une circonscription de Ouenzé, auxquelles il était candidat malheureux. Ce dernier avait demandé l'annulation du scrutin, en alléguant plusieurs irrégularités comme la non-actualisation des listes électorales ; la distribution tardive et désordonnée des cartes d'électeurs et la mauvaise organisation du scrutin. Par une décision du 26 octobre 2012, la Cour constitutionnelle rejeta sa requête au motif qu'elle n'est pas compétente pour connaître du contentieux relatif aux actes préparatoires. En conséquence, elle décida que :

« Considérant que ces irrégularités constituent des actes préparatoires, aux termes de l'article 106 de la loi électorale, qui en vertu de l'article 105 sont de la compétence du Tribunal de grande instance. »

Dans le deuxième cas d'espèce, Monsieur MAT avait également introduit un recours en annulation du scrutin relatif aux législatives du 15 juillet 2012, dans une circonscription de Makélékélé, auxquelles il était candidat malheureux, en alléguant moult irrégularités comme la mauvaise organisation dans la distribution des cartes d'électeurs ; l'absence des noms sur les listes électorales des personnes enregistrées et l'affichage tardif des listes électorales. Par une décision rendue le 26 octobre 2012, la Cour rejeta sa requête pour le même motif que dans le cas précédent. Enfin, en 2007 la Cour constitutionnelle avait déjà décidé dans le même sens dans un cas similaire. En l'espèce, Monsieur NG, candidat malheureux aux législatives du 24 juin 2007, dans une circonscription de Moungali, sollicitait son positionnement au second tour dudit scrutin alléguant que le non affichage des listes, l'inexistence des cartes d'électeurs dans son fief et le manque de noms sur la liste des électeurs détenteurs de cartes électorales avaient amoindri ses chances pendant et avant le déroulement de l'élection. Comme dans les deux cas précédents, la Cour jugea dans une décision du 29 août 2007 que :

« Considérant que ces faits sont des actes préparatoires qui relèvent de la compétence du Tribunal de grande instance ; que dans ces conditions, la Cour constitutionnelle est incompétente. »

Ceci étant, la formulation de l'article 105 signifie expressément que les contestations relatives aux actes préparatoires et celles relatives aux élections locales ne relèvent pas de la compétence de la Cour constitutionnelle. Mais, force est de constater que dans la réalité cette affirmation peut prêter à confusion. Car, si cette affirmation est claire pour les élections locales, il n'en est pas toujours le cas en ce qui concerne les contestations relatives à certains actes préparatoires dont l'examen relève de la compétence de la Cour constitutionnelle, en dépit de sa jurisprudence sus-indiquée. A cet effet, il sied de bien scruter l'article 177 alinéa 1 de la Constitution et quelques décisions rendues par la Cour constitutionnelle pour dissiper cet embrouillamini juridique. En effet, il ressort de l'article 177 alinéa 1 de la Constitution cité plus haut que la Cour constitutionnelle en tant que juge du contentieux des élections législatives et sénatoriales « examine les recours relatifs à la contestation des candidatures et aux résultats de ces élections ». Or, les candidatures font partie des actes préparatoires définis et énumérés par l'article 106 de la loi électorale selon lequel : « Au sens de la présente loi, constituent les actes préparatoires : (…) les candidatures. » Aussi, l'article 113 de la même Constitution dispose-t-il que : « La Cour constitutionnelle statue, en cas de contestation, sur la recevabilité des candidatures et sur la validité de l'élection des députés et des sénateurs. »

Cette affirmation est expressément corroborée par certaines décisions très intéressantes de la Cour constitutionnelle qu'on retrouvera aussi dans les développements d'autres rubriques, car elles sont pétries de plusieurs enseignements en raison de la variété des problèmes juridiques qu'elles posent en même temps. Il s'agit donc de revenir sur une décision évoquée plus haut, rendue en 2007 et sur deux autres rendues en 2012.

En effet, à la suite du scrutin du 24 juin 2007 relatif aux élections législatives Monsieur NK avait saisi la Cour constitutionnelle aux fins d'annulation de la candidature de Monsieur B.B dans la circonscription unique de Tsiaki, en alléguant que ce dernier en tant que magistrat était frappé d'inéligibilité. La Cour constitutionnelle, dans une décision du 06 septembre 2007, rejeta ce recours, en décidant que :

« Considérant que Monsieur B.B a adressé le 10 mai 2007, au garde des Sceaux, une demande de mise en disponibilité pour deux ans et que sa déclaration de candidature faite le 18 mai 2007 mentionne qu'il est magistrat en disponibilité ;

Considérant, ainsi, que la candidature de Monsieur B.B est légale et que, par suite, le recours de Monsieur NK n'est pas fondé. »

Cinq ans plus tard, la Cour constitutionnelle confirma sa jurisprudence dans deux autres cas d'espèces relatifs aux élections législatives organisées le 15 juillet 2012. Dans la première affaire également évoquée plus haut, Monsieur L.K, candidat dans l'une des circonscriptions de Makélékélé, demanda à la Cour constitutionnelle l'annulation de la candidature de Monsieur LOUS, en prétendant que ce dernier étant frappé d'inéligibilité en sa qualité de Directeur de cabinet aurait dû produire une lettre de démission ou de mise en disponibilité. La Cour rejeta également cette requête dans une décision rendue le 17 octobre 2012, en décidant que :

« Considérant que l'article 57 de la loi électorale qui indique limitativement la liste des personnes qui ne peuvent pas être candidat dans aucune circonscription électorale pendant l'exercice de leurs fonctions ne vise pas de Directeur de cabinet, quel qu'il soit ; qu'il s'ensuit que la candidature de Monsieur LOUS est régulière. »

Dans la même optique, la Cour constitutionnelle conforta la constance de sa jurisprudence sur la question de la validité des candidatures, à l'occasion de ces mêmes législatives relativement aux requêtes en annulation introduites par Messieurs LI et K, candidats dans la circonscription de Dongou dans le département de la Likouala. Dans sa requête, Monsieur LI relève que le retrait forcé de sa candidature régulièrement constituée avait changé la configuration de la compétition électorale, tandis que Monsieur K allègue le défaut de candidature de Monsieur V.M. En soutien de leurs demandes, ils produisent au dossier la liste des candidatures établie par la Direction générale des affaires électorales, la fiche relative au contrôle des cartes d'électeurs et les logos des candidats à la députation par circonscription établie par la Direction départementale des affaires électorales. La Cour constitutionnelle, dans une décision du 26 octobre 2012, fit droit à leurs requêtes et annula ce scrutin, en décidant que :

« Considérant que les deux requêtes visent le même objet et développent les mêmes moyens ; qu'il y a lieu d'en ordonner la jonction pour y être statué par une seule et même décision (…)

Considérant que Messieurs LI et V.M sont des candidats indépendants ; que Monsieur K est candidat d'un parti politique ;

Considérant que les requérants reçoivent, le 12 juillet 2012, notification d'une lettre du parti politique qui procède au retrait de la candidature de tous les candidats indépendants, dont celle de LI et au remplacement de K par V.M, candidat indépendant ; que c'est dans ces conditions que sont imprimés les bulletins de vote de Monsieur V.M ; qu'ainsi Messieurs K et LI se sont retrouvés sans bulletins de vote ;

Considérant que l'article 122 de la loi électorale dispose que « le juge constitutionnel, en cas d'inobservation des conditions et des formalités prescrites par les lois et règlements, apprécie librement si le vice constaté est de nature à entraîner l'annulation des élections » ;

Considérant que Monsieur LI est candidat indépendant ; qu'il s'est retrouvé dans l'impossibilité de participer à l'élection, nonobstant l'article 63 de la loi électorale qui énonce que « le dépôt de candidature est fait par le candidat s'il se présente en tant qu'indépendant, ou par le mandataire du parti ou du groupement politique auquel il appartient un mois, au moins, avant le scrutin ; qu'il s'ensuit l'annulation du scrutin de ce chef ;

Considérant que Monsieur V.M a été substitué, moins d'une semaine, avant le scrutin, au candidat K ; qu'il s'est mué en candidat du parti politique en violation de l'article 63 précité ; que dans ces conditions, la reconnaissance et la participation de Monsieur V.M en qualité de candidat d'un parti politique est irrégulière ; que, par conséquent, l'élection dans la circonscription électorale de Dongou encourt, de ce fait, annulation. »

Comme on le voit, ces décisions confirment bien que la Cour constitutionnelle est compétente pour examiner les contestations liées aux candidatures relatives aux élections législatives et sénatoriales. On peut donc déduire, au regard de l'examen des décisions de la Cour constitutionnelle, que si la recevabilité des candidatures fait partie des actes préparatoires à l'élection, en revanche, la contestation des candidatures ne fait pas partie des actes préparatoires au sens strict de la loi. Ce qui permet donc de dissiper la confusion susceptible d'induire en erreur. La même confusion est aussi perceptible à travers les vicissitudes de certains actes préparatoires en amont, mais qui, après la phase préalable, se muent pendant la phase du déroulement du scrutin. C'est par exemple le cas des bulletins de vote et de la distribution du matériel électoral. En effet, il faut distinguer l'établissement des bulletins de vote avant le scrutin et l'absence des bulletins de vote le jour du scrutin. Dans le premier cas, il s'agit d'un acte préparatoire à l'élection dont la contestation relève, donc, de la compétence du tribunal administratif. Dans le second cas, il s'agit d'un fait relatif au déroulement du scrutin dont la contestation relève, donc, de la compétence de la Cour constitutionnelle. Il en va de même pour le matériel électoral, dont il faut distinguer la distribution avant le scrutin et l'absence pendant le déroulement du scrutin. Ainsi, il résulte d'une décision de la Cour constitutionnelle du 26 octobre 2012 que :

« Considérant qu'en vertu de l'article 16 de la loi électorale du 10 décembre 2001, l'établissement des bulletins de vote et la distribution du matériel électoral relèvent de la compétence de l'administration ; que selon les articles 105 et 106 ces actes constituent les actes préparatoires qui ne relèvent pas, manifestement, de la compétence de la Cour constitutionnelle ;

Considérant en revanche que le contentieux relatif à l'absence des bulletins de vote le jour de l'élection relève de la compétence de la Cour constitutionnelle (…) »

Dans le même ordre d'idées, il convient aussi de préciser que la Cour constitutionnelle n'est pas compétente pour connaître des demandes en indemnisation relatives au préjudice qu'aurait subi un candidat. Ce problème est quasiment récurrent dans le contentieux électoral. En effet, dans sa décision du 29 septembre 2017, la Cour constitutionnelle avait rejeté une requête introduite aux fins de remboursement des frais de campagne, au motif qu'elle ne relève pas de sa compétence. Dix ans auparavant, elle avait également jugé dans le même sens dans plusieurs cas d'espèces, à l'occasion des législatives du 24 juin 2007. Dans l'une de ces affaires, Monsieur PAB, candidat malheureux auxdites élections, avait exercé un recours aux fins d'indemnisation, alléguant l'existence d'un préjudice subi à cause d'irrégularités. Mais, la Cour avait rejeté sa demande au motif que la requête doit viser la contestation de l'élection et non demander une indemnisation.

Dans deux autres cas similaires, la Cour avait confirmé sa jurisprudence. Ainsi, dans une décision du 5 octobre 2007 elle avait décidé que : « Considérant que la réparation des préjudices éventuels subis par les candidats du fait des irrégularités constatées durant les campagnes électorales ne relève pas de la compétence de la Cour constitutionnelle dont les attributions sont limitativement déterminées par les articles 99 et 147 de la Constitution ; que, par la suite, la Cour constitutionnelle est incompétente. »

Il en était de même dans une décision du 30 octobre 2007 rendue à la suite d'une requête en remboursement des frais de campagne, introduite par Monsieur AN relative au scrutin du 24 juin 2007 dans la circonscription unique d'Etoumbi. A cet effet, elle avait décidé que : « Considérant que la requête a pour objet le remboursement des frais de campagne ; que cette matière n'entre pas dans les compétences de la Cour constitutionnelle ; qu'il y a lieu, par conséquent, pour la Cour constitutionnelle de se déclarer incompétente. »

La Cour constitutionnelle est la plus haute juridiction de l'Etat dans l'ordonnancement des institutions de la République en général, et celui de la sphère juridictionnelle en particulier. Outre son rôle de réguler les institutions de l'Etat et les pouvoirs publics, d'assurer la protection des droits et libertés fondamentaux, de contrôler la constitutionnalité des lois, des traités et accords internationaux, la Cour constitutionnelle veille aussi à la régularité des élections présidentielle et référendaires, dont elle examine les réclamations autant que celles relatives aux élections législatives et sénatoriales. Pour ce faire, elle est indépendante du pouvoir législatif et du pouvoir exécutif. Bien qu'étant aussi une juridiction, elle est également indépendante du pouvoir judiciaire ordinaire en ce qu'elle constitue en réalité une juridiction d'exception. Ainsi, ses modalités d'organisation et de fonctionnement relèvent d'une loi spécifique, en l'occurrence la loi organique n°1-2003 du 17 janvier 2003 évoquée plus haut qui a été abrogée et remplacée par la loi n° 28-2018 du 7 août 2018. Par contre, l'organisation et le fonctionnement des juridictions ordinaires relèvent de la législation relative à l'organisation judiciaire en République du Congo. En ce qui concerne son organisation, la Cour constitutionnelle est composée de neuf (9) membres nommés par un décret du Président de la République. Concrètement, trois (3) de ses membres sont désignés par le Président de la République, deux (2) par le Président du Sénat, deux (2) par celui de l'Assemblée nationale, et deux (2) par la Cour suprême parmi ses membres. A la lumière de l'article 16 de la loi du 7 août 2018, le mandat des membres de la Cour constitutionnelle est de quatre ans renouvelable deux fois. Alors que l'ancienne loi du 17 janvier 2003 le fixait à neuf ans renouvelable. Quant à son fonctionnement, la Cour constitutionnelle se réunit à la demande de son Président ou, en cas d'empêchement, de son Vice-président ou du plus âgé des membres présents. Aussi, peut-elle se réunir à la demande du tiers de ses membres. Il s'agit ici d'un aspect essentiel de son fonctionnement, car il ne se réduit pas qu'à la convocation de ses membres aux fins de réunion. C'est pourquoi, une étude approfondie de son fonctionnement sera faite dans les développements ultérieurs relatifs à la procédure en matière de règlement du contentieux électoral. C'est cet aspect qui intéresse davantage ce livre consacré essentiellement à la résolution du contentieux électoral en République du Congo.

Pour clore cette section, il convient tout de même de préciser compendieusement que la nouvelle loi sur la Cour constitutionnelle, tout en gardant les grandes lignes intemporelles de l'ancienne loi, a une double vocation. D'une part, elle entend adapter le fonctionnement de la Cour constitutionnelle à la nouvelle donne constitutionnelle induite par le changement de la Constitution du 20 janvier 2002 par celle du 06 novembre 2015. D'autre part, elle veut y apporter quelques innovations essentielles. Par conséquent, elle clarifie les cas d'incompatibilités liés aux membres de la Cour constitutionnelle, crée un poste de Secrétaire général adjoint de la Cour pour suppléer le Secrétaire général en cas d'empêchement. Ensuite, elle consacre la notion de « Doyen d'âge » susceptible de pallier l'empêchement cumulé du Président et du Vice-président de la Cour. Enfin, elle améliore les procédures en matière de contrôle de la constitutionnalité des lois et de contrôle des opérations référendaires. Aussi, durcit-elle celles qui sont relatives au contentieux électoral. Mais, force est de constater que si cette réforme peut contribuer à faire évoluer sensiblement le mode d'organisation et de fonctionnement de la Cour constitutionnelle, il appelle tout de même une observation quant à son opportunité. En effet, eu égard à la conjoncture économique morose qui exige des mesures drastiques en vue, notamment, de réduire les dépenses publiques la création d'un nouveau poste au sein de cette institution semble inopportune. Elle contribue plus à augmenter les charges publiques qu'à les réduire alors qu'à l'aune de son ancienne configuration, la Cour constitutionnelle peut bien s'en passer.

Section II :
La compétence en matière d'élections locales.

Contrairement aux élections référendaires, présidentielle, législatives et sénatoriales, les contestations relatives aux actes préparatoires et aux élections locales, c'est-à-dire celles qui consistent à choisir librement les hommes et les femmes qui siégeront au sein des conseils municipaux et départementaux ne relèvent pas de la compétence de la Cour constitutionnelle. Elles relèvent plutôt de la compétence des juridictions de droit commun. En ce sens, il sied de rappeler les dispositions de l'article 177 de la Constitution en vertu desquelles :

« La Cour constitutionnelle est juge du contentieux des élections législatives et sénatoriales. A ce titre, elle examine les recours relatifs à la contestation des candidatures et aux résultats de ces élections.

Le contentieux des élections autres que celles prévues dans la présente Constitution relève des juridictions ordinaires. »

Dans la même trajectoire, et toujours à titre de rappel, l'article 105 de la loi électorale prévoit que : « Le contentieux des actes préparatoires et des élections locales relève du tribunal de grande instance, statuant en matière administrative. »

Par ailleurs, il convient de faire observer une chose non moins importante qui ressort du libellé de cet article afin de dissiper une confusion qui risque de naître. En effet, les termes « Tribunal de grande instance statuant en matière administrative » sont devenus obsolètes par rapport à l'évolution de la législation relative à l'organisation judiciaire au Congo. Il résulte de cette législation que la justice congolaise n'a qu'un seul ordre. Contrairement à d'autres systèmes judiciaires qui comportent deux ordres de juridiction que sont l'ordre judiciaire et l'ordre administratif, la justice congolaise ne comporte que l'ordre judiciaire. Au sein de cet ordre, il y a des juridictions civiles, répressives et administratives. Par conséquent, il convient de lire « Tribunal administratif » et non « Tribunal de grande instance statuant en matière administrative ».

Ceci étant, c'est donc sur la base des articles 177 de la Constitution, 105 de la loi électorale et 53 de l'ancienne loi du 17 janvier 2003, devenu articles 58 et 59 de la loi du 7 août 2018, portant organisation et fonctionnement de la Cour constitutionnelle que cette dernière avait, dans sa décision du 29 septembre 2017, rejeté les requêtes introduites par certains litigants au motif que les contestations soulevées étaient relatives aux élections locales. Il en est de même pour les contestations relatives aux actes préparatoires. Elles ne relèvent pas de la compétence de la Cour constitutionnelle, mais du tribunal administratif. Il appartient donc aux personnes lésées qui entendent exercer un recours en contestation pour faire prévaloir leurs droits de bien s'imprégner de ces exigences procédurales avant d'ester en justice, afin de ne pas être déboutés de leurs demandes du fait de l'incompétence du juge saisi. En définitive, le tribunal administratif a donc la compétence exclusive pour connaître du contentieux relatif aux actes préparatoires et aux élections locales.

Quant à la compétence territoriale, le tribunal administratif compétent est celui du ressort duquel se sont déroulées les élections. Ainsi, les contestations des élections locales qui se sont tenues à Brazzaville relèvent de la compétence du tribunal administratif de Brazzaville. Celles dont le scrutin a eu lieu à Pointe noire relèvent de la compétence du tribunal administratif de Pointe noire.

Quoi qu'il en soit, le tribunal administratif est une juridiction ordinaire de l'ordre judiciaire congolais. Il est régi par la loi n° 19-99 du 15 août 1999 modifiant et complétant certaines dispositions de la loi n° 22-92 du 20 août 1992 portant organisation du pouvoir judiciaire au Congo. A cette loi, on peut ajouter la loi n° 17-99 du 15 avril 1999 portant organisation et fonctionnement de la Cour suprême. Au Congo, il peut être créé un tribunal administratif par district ou arrondissement, dont la loi de création fixe le siège et le ressort. Le tribunal administratif est composé des magistrats du siège chargés de trancher les litiges et des magistrats du parquet qui représentent le ministère public. L'un de ces magistrats est nommé pour en assurer la présidence. Il est assisté par un vice-président et un juge du siège. Le secrétariat du tribunal administratif est assuré par un Greffier en Chef assisté par des Greffiers nommés par le ministre de la justice. Quant à son fonctionnement, le tribunal administratif est, en premier ressort, juge de droit commun. Cependant, au cours de l'instance dont il est saisi, le tribunal administratif est compétent pour interpréter les actes administratifs et apprécier leur régularité juridique, à la demande de l'une des parties. Mais, il n'a pas le pouvoir d'en prononcer l'annulation qui relève de la compétence de la Cour suprême. Ainsi, l'irrégularité constatée ne lui permet que de ne pas appliquer l'acte administratif irrégulier. Pour une meilleure édification sur ce sujet, il sied d'y revenir en profondeur dans le deuxième chapitre de cet ouvrage consacré à la procédure en matière de règlement du contentieux électoral.

CHAPITRE II :

LA PROCEDURE EN MATIERE DE REGLEMENT DU CONTENTIEUX ELECTORAL

En droit processuel, toute procédure est saucissonnée en trois étapes autant que l'est le processus électoral. Il s'agit de l'ouverture de la procédure, du déroulement de la procédure et du dénouement de la procédure. C'est ainsi que sera conçu le plan du développement de ce chapitre.

Section I : L'ouverture de la procédure.

Le commencement de la procédure est fait au moyen de l'acte introductif d'instance. Par conséquent, les parties à un contentieux doivent adresser des requêtes au juge compétent chargé de connaître de l'affaire. La requête n'est autre que la demande écrite au juge par la personne qui le saisit. Par cet acte, appelé aussi mémoire introductif, le demandeur expose les faits pour lesquels il saisit le juge, formule ses prétentions appuyées par les moyens de fait ou de droit. Avant de rédiger la requête introductive d'instance, il est obligatoire de s'interroger d'abord sur les délais requis pour ester en justice. Ce délai varie selon la nature de l'affaire en général, et selon la nature de l'élection querellée en particulier. En principe, toute élection doit être contestée dans un délai de quinze jours à compter de la proclamation des résultats du scrutin. Ce principe qui résulte de l'article 111 de la loi électorale n'est pas absolu. Il ne concerne que les élections législatives et sénatoriales et non l'élection présidentielle. En ce sens, l'article 53 de l'ancienne loi du 17 janvier 2003, devenu articles 58 et 59 de la loi organique du

7 août 2018 portant organisation et fonctionnement de la Cour constitutionnelle, dispose dans son entièreté que :

« L'élection du Président de la République peut être contestée devant la Cour constitutionnelle dans les cinq jours qui suivent la publication des résultats provisoires par le ministre en charge des élections.

L'élection d'un député ou d'un sénateur peut être contestée devant la Cour constitutionnelle dans les quinze jours qui suivent la proclamation des résultats du scrutin par le ministre en charge des élections. »

Les incidences qui résultent de cette disposition sont d'une importance double et considérable. D'une part, le requérant doit saisir le juge compétent après la proclamation des résultats et non avant. Il a été donné de constater dans certains cas que plusieurs candidats ou leurs représentants avaient l'habitude d'introduire des recours contentieux avant même la proclamation des résultats sur la base des informations dont ils disposaient. Dans ce cas, sans juger du fond de la demande, le juge rejette purement et simplement lesdites requêtes. C'est ainsi que la Cour constitutionnelle avait jugé irrecevables 7 des 53 requêtes examinées dans sa décision du 29 septembre 2017 comme en précise cet extrait du mot de son Président :

« Dans l'examen des affaires, la Cour constitutionnelle a déclaré certaines requêtes irrecevables. Il s'agit des requêtes introduites devant la Cour constitutionnelle avant la publication des résultats des élections législatives par le ministre en charge des élections. »

La Cour constitutionnelle est très constante dans sa jurisprudence en cette matière comme le confirment ses décisions antérieures. En effet, à l'occasion du scrutin relatif aux législatives du 15 juillet 2012 dans l'une des circonscriptions du département du Pool, Monsieur B, candidat malheureux, avait introduit une requête en annulation de l'élection querellée avant la proclamation des résultats. Par une décision du 26 octobre 2012, la Cour avait déclaré cette requête irrecevable sur la base de l'article 53 alinéa 2 de la loi organique du 17 janvier 2003 relative à son organisation et à son fonctionnement, devenu l'article 59 de la nouvelle loi du 7 août 2018. Ainsi, elle en avait jugé que :

« Considérant qu'en vertu de l'article 53 alinéa 2 de la loi organique : « l'élection d'un député ou d'un sénateur peut être contestée devant la Cour constitutionnelle dans les quinze jours qui suivent la proclamation des résultats du scrutin par le ministre en charge des élections » ;

Considérant que Monsieur B, par requête du 16 juillet 2012 et soumise à la Cour constitutionnelle avant la proclamation, le 19 juillet 2012, des résultats des élections législatives par le ministre en charge des élections ; qu'elle est, par conséquent, irrecevable. » Cinq ans plus tôt, dans une décision du 14 juillet 2007, la Cour avait également opposé une fin de non-recevoir à la requête en annulation introduite par Monsieur ND, candidat malheureux aux élections législatives du 24 juin 2007 dans une circonscription de Talangaï, pour le même motif. En l'espèce, le requérant avait introduit son recours quatre jours avant la proclamation des résultats. Il peut arriver aussi que le requérant introduise sa demande auprès du juge du contentieux le jour même, mais avant la proclamation des résultats. Ce problème s'est posé à l'occasion des législatives du 24 juin 2007. En l'espèce, Monsieur NK, candidat malheureux dans l'une des circonscriptions de Mfilou, demanda l'annulation du premier tour de cette élection en saisissant la Cour constitutionnelle quelques heures avant la proclamation des résultats. Par une décision du 10 juillet 2007, la Cour déclara cette requête irrecevable pour le même motif.

D'autre part, après la proclamation des résultats le recours en contestation doit être introduit dans les délais requis et variables selon les cas. Comme dit plus haut, il est de cinq jours en cas d'élection présidentielle. A cet effet, le recours en contestation de l'élection présidentielle doit être exercé avant la proclamation des résultats définitifs par la Cour constitutionnelle. Autrement, le requérant sera frappé de forclusion. On entend par forclusion, la déchéance de la faculté d'agir ou de former un recours. En l'espèce, il s'agit donc de la perte du droit d'exercer un recours à cause de l'expiration du délai imparti pour le faire. En 2016, suite à la contestation des résultats de l'élection présidentielle du 20 mars, Monsieur P.K, l'un des candidats malheureux avait saisi la Cour constitutionnelle. Mais, sa requête fut rejetée sans qu'elle ne fût examinée au fond, au motif que ce recours était exercé après l'expiration du délai de cinq jours requis pour le faire. La même fin de non-recevoir sera aussi opposée aux candidats aux élections législatives et sénatoriales qui saisissent la Cour constitutionnelle quinze jours après la proclamation des résultats provisoires par le ministre en charge des élections. En ce sens, la Cour constitutionnelle avait, dans sa décision du 29 septembre

2017, rejeté les requêtes déposées plus de quinze jours après la publication des résultats relatifs aux élections législatives du 16 juillet 2017. Ce fut le cas dans l'affaire opposant Monsieur K.F à Monsieur N.F, dont l'élection dans l'une des circonscriptions du département du Pool était contestée. Le recours en annulation introduit par le premier fut donc déclaré irrecevable pour forclusion. Auparavant, la Cour constitutionnelle avait décidé dans le même sens dans une décision du 15 octobre 2012. En l'espèce, Monsieur OS, candidat malheureux aux législatives du 15 juillet 2012 à Kéllé, dans le département de la Cuvette-Ouest, avait introduit un recours en annulation du scrutin querellé après l'expiration du délai légal imparti. La Cour avait jugé sa demande irrecevable en des termes clairs :

« Considérant que la requête de Monsieur OS du 24 juillet 2012 est soumise à la Cour constitutionnelle le 06 août 2012, soit dix-huit jours après la proclamation des résultats, le 19 juillet 2012, par le ministre en charge des élections ; que, dès lors, le délai de quinze jours étant largement dépassé, la requête de Monsieur OS est irrecevable. »

En 2007, les mêmes faits se produisirent lors des élections législatives du 24 juin 2007 dans l'une des circonscriptions de Gamboma, dans le département des Plateaux. En l'espèce, Monsieur E.B.B, candidat malheureux avait introduit une requête en annulation plus de quinze jours après la proclamation des résultats, alléguant des fraudes massives. La Cour constitutionnelle, par une décision du 30 août 2007, rejeta sa requête sans qu'elle ne fût examinée au fond au motif que les délais impartis pour exercer un recours avaient expiré.

Concernant les élections locales, le délai requis pour exercer un recours en cas de contestation est également de quinze jours comme en matière des législatives et des sénatoriales conformément à l'article 111 de la loi électorale précité. Mais, dans le cadre des élections locales il y a une particularité relative à la saisine du juge. Cette particularité tient à la nature de la procédure administrative contentieuse. Aux termes de l'article 107 alinéa 1 de la loi électorale :

« Toute personne, qui s'estime lésée, peut adresser une réclamation relative aux actes préparatoires ou aux élections locales devant le tribunal de grande instance de son ressort statuant en matière administrative ; cette réclamation est recevable dix jours après le recours préalable exercé devant l'administration qui est tenue de répondre dans ce délai. »

En effet, en matière d'élections locales le requérant doit d'abord exercer un recours administratif préalable auprès de l'autorité qui a proclamé les résultats du scrutin, en l'occurrence le ministre en charge des élections. Ce dernier a dix jours pour y répondre obligatoirement. Si sa réponse est défavorable ou s'il ne répond pas dans les dix jours exigés par la loi, le demandeur peut à ce moment saisir le tribunal administratif. L'exigence du recours administratif préalable appelle deux observations non moins importantes.

D'abord, en droit administratif le recours préalable revêt une double nature. Il peut être facultatif ou obligatoire. Tout dépend de la législation en vigueur. Mais, il est toujours important de s'édifier en explorant les généralités avant de choir sur les particularités propres à chaque pays. Le recours administratif facultatif est celui qui est exercé par un administré pour contester un acte administratif qui lui cause un préjudice. Pour ce faire, avant de saisir directement le juge administratif la personne lésée peut adresser une requête à la même autorité d'où émane l'acte administratif contesté afin qu'elle revienne sur sa décision. C'est le recours gracieux. C'est l'exemple d'une personne qui, s'estimant lésée, s'adresse à un préfet pour contester un arrêté pris par ce dernier. Par conséquent, le préfet concerné peut confirmer sa décision initiale ou l'infirmer. Mais, la personne lésée peut aussi s'adresser directement à l'autorité hiérarchiquement supérieure à celle d'où émane l'acte administratif contesté, c'est-à-dire celle sous la tutelle de laquelle elle se trouve. C'est le recours hiérarchique. C'est par exemple le cas d'un administré qui s'adresse au ministre de l'Intérieur pour contester un arrêté émanant d'un préfet. Ce problème s'est posé en 2017 à la suite d'un arrêté préfectoral portant réorganisation administrative de l'une des circonscriptions électorales de l'arrondissement 6 Talangaï dans le département de Brazzaville. Saisi d'un recours hiérarchique, le ministre de l'Intérieur avait annulé cet arrêté au motif que l'organisation administrative territoriale relève de la loi et non du pouvoir réglementaire.

Cependant, le recours administratif préalable est obligatoire si la loi le prescrit. Dans ce cas, le requérant doit auparavant l'exercer avant de saisir le juge administratif. C'est le cas d'un recours en contestation introduit devant le juge administratif à l'occasion des élections locales. Au Congo, le recours administratif préalable est obligatoire dans le contentieux administratif comme le prescrit l'article 397 du Code de procédure civile, commerciale, administrative et financière en vertu duquel : « Toute action ne peut être portée en justice si elle n'a été précédée d'un recours gracieux ou hiérarchique, ou d'une demande préalable. »

Dans sa formulation, cette prescription semble d'emblée concerner toute la procédure judiciaire en général. En réalité, il n'en est pas le cas puisque cet article est spécifiquement réservé à la procédure administrative. Ensuite, le recours administratif préalable a une incidence sur les délais impartis pour saisir le juge. Dans le souci de garantir les droits des administrés, notamment celui d'ester en justice, le recours préalable entraîne l'interruption du délai requis. C'est dire qu'à partir de la réponse de l'autorité administrative saisie, on recommence à compter pour la détermination du temps exigé pour saisir le juge. Cela signifie qu'en matière de contentieux des élections locales lorsque le requérant, qui a quinze jours pour saisir le juge administratif, exerce un recours préalable obligatoire auprès du ministre de l'Intérieur ce recours interrompt l'écoulement du délai requis. Par conséquent, si après dix jours la réponse est insatisfaisante et que le délai initial de quinze jours est épuisé, le requérant pourra toujours saisir le juge administratif dans la mesure où on doit recommencer à compter à partir de la réponse donnée par le ministre de l'Intérieur. C'est la différence entre l'interruption du délai et la suspension du délai. L'interruption remet le compteur à zéro, tandis que la suspension oblige à recalculer le temps restant à partir du jour où le requérant avait introduit le recours préalable.

En la forme, même si la loi électorale ne le précise pas expressément, la requête introductive du recours administratif préalable doit obéir aux exigences générales prescrites en matière du droit des contentieux. Ainsi, aux termes de l'article 33 du Code de procédure civile, commerciale, administrative et financière : « La requête doit contenir :

- les noms, prénom, profession, situation matrimoniale, nationalité, et domicile des parties et le cas échéant, du mandataire ;

- l'objet de la demande et les moyens invoqués à son soutien.

Elle doit être datée ; elle sera accompagnée d'un nombre de copies double de celui des demandeurs en cause. »

Comme on le voit, si la personne qui conteste les résultats d'une élection locale saisit directement le juge sans un recours administratif préalable, ce fait constitue une cause d'irrecevabilité de la requête sans qu'elle ne soit examinée au fond. Dans le même ordre d'idées, un recours administratif préalable exercé au-delà de dix jours ne saurait être admis, car son auteur sera frappé de forclusion. Quoi qu'il en soit, si la date d'expiration du délai requis tombe un jour non ouvrable, elle sera repoussée au jour ouvrable suivant. La loi électorale ne le dit pas expressément. Mais, il découle d'un principe général de droit processuel consacré par l'article 484 du Code de procédure civile, commerciale administrative et financière en vertu duquel : « Tous les délais prévus au présent code sont des délais francs.

Si le délai expire un jour férié, il est prorogé jusqu'au premier jour ouvrable qui suit. »

Force est de préciser que l'expression « jour férié » utilisé par la loi doit s'entendre simplement comme un jour non ouvrable. Ce qui englobe donc les dimanches ou les autres jours de la semaine comme les samedis, par exemple, au cas où ils seraient non ouvrables au public selon les cas.

Après l'examen des délais requis pour exercer un recours, il convient ensuite de s'interroger sur l'intérêt à agir. On entend par intérêt à agir, appelé aussi « intérêt pour agir », une condition de recevabilité de l'action en justice qui porte sur l'existence d'un préjudice résultant du fait générateur du contentieux. C'est l'exemple de la perte d'une élection par un candidat quelconque. C'est dire que l'absence d'intérêt à agir entraîne l'irrecevabilité de la requête. La Cour constitutionnelle est constante dans sa jurisprudence à ce sujet. Ainsi, dans un cas où le requérant n'avait pas attesté de sa qualité de candidat, la Cour décida que : « (…) selon le principe pas d'intérêt pas d'action, le requérant n'est pas fondé à contester l'élection du candidat N'GA ; qu'en conséquence, la requête de Monsieur NG est irrecevable. »

Mais, l'existence de l'intérêt à agir ne suffit pas en soi, encore faut-il avoir la qualité pour agir, c'est-à-dire le droit de saisir le juge afin de faire prévaloir ses droits. Dans le cadre de notre étude, il s'agit évidemment de la personne lésée, c'est-à-dire celle qui a subi directement un préjudice du fait d'avoir perdu une élection, en l'espèce le candidat concerné. Mais, il peut aussi s'agir d'une personne, autre que le candidat concerné, qui a un avantage que pourrait lui procurer la reconnaissance par le juge de sa demande. C'est le cas du représentant dudit candidat. Aux termes de l'article 54 de l'ancienne loi, devenu l'article 57 de la nouvelle loi organique relative à la Cour constitutionnelle : « Le droit de contester une élection appartient aux candidats ou à leurs représentants, aux partis et aux groupements politiques. Ce droit, pour les élections de listes appartient aux partis ou aux groupements politiques concernés. » Mais, il sied tout de même de signaler que le libellé du nouvel article 57 ne reprend pas la dernière phrase de l'ancien article 54 sus-indiqué. Ce qui évacue logiquement les élections locales. Ce principe ressort également de l'article 110 alinéa 3 de la loi électorale selon lequel : « Le droit de contester une élection appartient aux candidats ou à leurs représentants, aux partis et aux groupements politiques. »

L'article 54 de l'ancienne loi sur la Cour constitutionnelle, devenu l'article 57 de la nouvelle loi concerne les élections présidentielle, législatives et sénatoriales ; tandis que l'article 110 alinéa 3 de la loi électorale est général à toutes les élections. En ce qui concerne les élections locales, l'article 107 de la loi électorale sus-indiqué parle particulièrement de « toute personne qui s'estime lésée », c'est-à-dire de toute personne qui a subi un préjudice relativement à l'élection querellée.

Tout compte fait, ces dispositions légales posent un principe assorti d'exceptions. En principe, la personne habilitée à exercer un recours auprès du juge compétent, c'est celle qui est directement concernée. Ainsi, à l'occasion des élections législatives partielles du 02 décembre 2012 à Bouanela, dans le département de la Likouala, la Cour constitutionnelle saisie d'une requête en contestation avait, par une décision du 28 décembre 2012, jugé que :

« Considérant qu'aux termes de l'article 54 de la loi organique sur la Cour constitutionnelle « le droit de contester une élection appartient aux candidats ou à leurs représentants, aux partis ou aux groupements politiques concernés »;

Considérant que Monsieur EB était invité à déposer son logo au plus tard le jeudi 29 novembre 2012 à 14h30, en vue de l'impression de ses bulletins de vote, à peine de renonciation à sa participation au scrutin du 02 décembre 2012 ; qu'il y avait opposé un refus ; que dans ces conditions, n'étant plus candidat, il ne peut plus contester l'élection du 02 décembre 2012 ; que sa requête est, par conséquent, irrecevable faute de qualité. »

Auparavant, dans une décision du 29 août 2007, après avoir été saisie d'un recours en annulation du résultat des législatives à Mossendjo dont le requérant n'était pas candidat, la Cour avait rejeté sa demande au motif qu'il n'avait pas qualité pour agir, conformément à l'article 54, devenu l'article 57, sus-indiqué.

Cependant, exceptionnellement, d'autres personnes que les candidats directement concernés ont aussi le droit d'ester en justice pour contester les résultats des élections. Il peut s'agir de leurs représentants, c'est-à-dire des personnes physiques auxquelles les candidats confèrent le mandat d'exercer une action en contestation en leurs lieu et place. En ce sens la Cour constitutionnelle avait, dans sa décision du 29 septembre 2017, rejeté une requête dont l'auteur n'avait pas produit au dossier la procuration du candidat non-élu pour le compte duquel il avait introduit un recours.

Toujours concernant les requérants, il peut s'agir aussi des personnes morales, en l'occurrence les partis politiques ou les groupements des partis politiques au sein desquels opèrent les candidats concernés. Enfin, il sied de préciser que plusieurs personnes concernées peuvent introduire une requête conjointe aux fins de contestation d'une élection. Mais, la Cour constitutionnelle peut aussi examiner conjointement les requêtes introduites séparément. A condition que ces requêtes concernent les mêmes parties, portent sur le même objet et vise le même but. La Cour constitutionnelle avait statué dans ce sens dans une espèce où cinq personnes l'avaient saisi séparément. Ainsi, dans une décision du 26 octobre 2012, elle en avait statué que :

« Considérant que les cinq requêtes concernent les mêmes parties et portent sur le même objet et tendent aux mêmes fins ; qu'il y a lieu de joindre les cinq procédures pour y être statué par une seule et même décision. »

Concernant les élections locales, le recours est exercé par la tête de liste autant en cas de saisine préalable de l'autorité administrative qui a proclamé les résultats qu'en cas de saisine du tribunal administratif compétent.

En dehors de l'existence de l'intérêt à agir et de la qualité pour agir, le requérant doit avoir la capacité pour agir. C'est le problème de la capacité juridique. La capacité juridique est une notion qui revêt une double acception. C'est d'abord l'aptitude à avoir des droits et des obligations. C'est la capacité de jouissance. C'est ensuite le pouvoir d'exercer soi-même ses droits et d'assumer ses obligations. C'est la capacité d'exercice, dont la capacité d'ester en justice est une variante. Ainsi, la capacité pour agir en justice est donc l'aptitude que la loi reconnaît à une personne physique ou morale de saisir le juge afin de faire prévaloir elle-même ses droits. Ce qui exclut donc une catégorie de personnes qui ne peuvent le faire elles-mêmes. Il s'agit par exemple des mineurs, des majeurs en tutelle et des majeurs en curatelle. Ainsi, un candidat dont les facultés mentales sont altérées est dépourvu de la capacité pour agir en justice. Quant aux personnes morales, elles doivent avoir la personnalité juridique pour ester en justice. Ainsi, les partis politiques ou les groupements politiques concernés doivent avoir la personnalité morale pour exercer un recours en contestation relativement à l'élection querellée.

Par ailleurs, la forme de la requête doit obéir aux conditions de recevabilité prescrites par la loi. En ce qui concerne les élections locales il résulte de l'article 107 alinéa 2 de la loi électorale que la requête adressée au tribunal administratif doit être motivée et accompagnée de toutes les pièces justificatives qui fondent les prétentions du requérant. Elle doit, naturellement, comporter l'exposé des faits, l'identité du requérant et sa profession. Quant aux élections présidentielle, législatives et sénatoriales l'article 56, devenu articles 61 et 62 de la loi organique sur la Cour constitutionnelle, est très explicite. Il prescrit que : « La requête doit, à peine d'irrecevabilité, contenir les nom, prénoms, la date et lieu de naissance, la profession et l'adresse du requérant ainsi que les nom et prénoms de l'élu dont l'élection est contestée.

La requête doit, en outre, contenir un exposé des faits et les textes invoqués pour l'annulation.

A la requête doivent être annexées les pièces produites au soutien des moyens.

La requête n'a pas d'effet suspensif. Elle est soumise aux frais de timbre et d'enregistrement. »

Les nouveaux articles 61 et 62 de la nouvelle loi du 7 août 2018 sont plus explicites dans leur écriture que ne l'était l'article 56 de l'ancienne loi du 17 janvier 2003. Aussi, l'article 61 exige-t-il expressément que la requête soit signée du requérant, à peine d'irrecevabilité. Ce qui invite simplement de les reproduire afin d'en faire la comparaison. D'abord, aux termes de l'article 61 :

« La requête doit, à peine d'irrecevabilité, être signée par le requérant, contenir les noms, prénoms, date et lieu de naissance, profession, adresse du requérant, les noms et prénoms de l'élu dont l'élection est contestée, un exposé des faits ainsi que les textes invoqués pour l'annulation de l'élection ou la reformation des résultats. »

Ensuite, en vertu de l'article 62 : « A la requête doivent être annexées, à peine d'irrecevabilité, les pièces de nature à soutenir et à étayer les moyens invoqués.

La requête est soumise aux frais de timbre et d'enregistrement.

La saisine de la Cour constitutionnelle, en matière de contentieux électoral, n'a point d'effet suspensif. »

Comme on peut le remarquer, la nouvelle loi organique du 7 août 2018 portant organisation et fonctionnement de la Cour constitutionnelle durcit les conditions de recevabilité des requêtes aux fins de contestation d'élections qui relèvent de sa compétence. Il s'agit donc de la présidentielle, des législatives et des sénatoriales. Dorénavant, l'absence de signature, l'absence d'un exposé des faits ainsi que l'absence de preuves en appui des allégations constituent un motif d'irrecevabilité de la requête. En conséquence, le juge est dispensé de l'obligation de l'examiner au fond. Ce qui implique une vigilance très pointue des requérants en matière de règlement du contentieux électoral devant la Cour constitutionnelle. Dans la même optique, l'article 113 de la loi électorale reprend l'essentiel des dispositions de l'article 56 sus-indiqué, devenu articles 61 et 62. Mais, a contrario, dans son alinéa 2 elle dispense la requête de tout frais de timbre et d'enregistrement. Pourquoi cette différence, alors que ces deux textes concernent les mêmes élections, c'est-à-dire la présidentielle, les législatives et les sénatoriales ? Comme l'inobservation de l'obligation de se soumettre aux frais de timbre et d'enregistrement n'entraîne pas expressément l'irrecevabilité de la requête, la tentation est grande de conclure qu'il ne s'agit que d'une formalité dérisoire. Il suffit de passer en revue les décisions de la Cour constitutionnelle pour s'en convaincre. Ainsi, on peut lire à travers la décision en date du 26 octobre 2007 que : « Sur la recevabilité :

Considérant qu'aux termes de l'article 56 alinéa 4 de la loi organique n°1-2003 du 17 janvier 2003 portant organisation et fonctionnement de la Cour constitutionnelle la requête « est soumise aux frais de timbre et d'enregistrement » ;

Considérant que selon la jurisprudence constante de la Cour, le défaut d'accomplissement de cette formalité par le requérant n'est pas sanctionné par l'irrecevabilité ; que, par conséquent, la requête de Monsieur B.B est recevable. »

Autrement, il serait simple et souhaitable que l'article 113 de la loi électorale soit réécrit en son alinéa 2. Ainsi, lirait-on : « La requête n'a pas d'effet suspensif. Elle est soumise aux frais de timbre et d'enregistrement. »

Ceci étant, le problème de l'observation des conditions de forme requises pour la recevabilité des requêtes adressées au juge du contentieux électoral revêt un double intérêt. Sur le plan théorique, comme exposé plus haut, la loi prescrit des mentions obligatoires à peine d'irrecevabilité. Sur le plan pratique, la jurisprudence foisonne de plusieurs décisions en la matière et qui témoignent de la méconnaissance ou de la légèreté de la plupart des requérants. Ce qui entraîne ipso facto le rejet des requêtes défectueuses en la forme, quand bien même le fond du dossier serait pertinent. Car, on ne cessera de répéter qu'en rejetant une requête pour vice de forme le juge ne l'examine pas au fond. C'est dire qu'en droit du procès, « la place de l'action en justice est centrale et l'attribution d'un droit est subordonnée à l'existence préalable d'une action », comme écrivait Muriel Fabre-Magnan dans *Introduction au Droit*. Ainsi, le fond est autant important que la forme. Ils sont comme deux mains sales dont l'une ne peut se laver qu'avec le concours de l'autre. Ils sont donc cumulatifs et non alternatifs. On ne saurait donc y opérer de dichotomie en privilégiant l'un au détriment de l'autre. La profusion des fins de non-recevoir pour inobservation des règles de forme et de preuves suffisantes des faits allégués est telle que l'administration électorale doit tout mettre en œuvre pour éduquer et former les candidats aux élections. Ce qui participe de l'exaltation de la culture démocratique et de la culture judiciaire qui nous font tant défaut comme l'illustrent moult décisions rendues par le juge du contentieux électoral ces dix dernières années.

En effet, l'état des lieux de la jurisprudence de la Cour constitutionnelle en matière de contentieux électoral révèle qu'en 2007, elle fut saisie de 128 requêtes. Elle en rejeta 124 et ne prononça que 4 annulations des scrutins querellés. En 2012, elle fut saisie de 81 requêtes dont 78 furent rejetées et 3 seulement donnèrent lieu à l'annulation des élections contestées. En 2017, elle fut saisie de 53 requêtes dont aucune n'avait obtenu gain de cause. C'est dire, au final, que lors des trois dernières élections législatives au Congo, la Cour constitutionnelle fut saisie de 262 requêtes. Elle prononça 255 rejets et n'annula que 7 scrutins querellés. Soit un pourcentage de réussite microscopique de 0,02%. Ce fiasco résulte en grande partie du manque de rigueur intellectuelle imputable à la plupart des requérants qui ne font pas très attention aux conditions requises pour la recevabilité des requêtes. En outre, il résulte également de l'absence ou de l'insuffisance des preuves des faits allégués aux fins d'annulation, et de la méconnaissance des règles procédurales en matière de la détermination de la juridiction compétente en matière de contentieux électoral. Bref, de l'ignorance des prescriptions relatives au régime juridique qui préside au règlement du contentieux électoral au Congo. Il sied d'apporter quelques précisions au regard de ces prescriptions. D'abord, outre l'exigence des mentions relatives à l'identité des parties et de la signature de la requête, concernant les faits, le demandeur doit expliquer simplement et précisément ce qui s'est passé et qui le pousse à introduire un recours en contestation. Ensuite, il doit citer les moyens qui soutiennent ses allégations. Ces moyens ne sont rien de moins que les arguments invoqués pour appuyer ses prétentions. L'article 56 de l'ancienne loi du 17 janvier 2003 sur la Cour constitutionnelle parlait des « textes invoqués », c'est-à-dire des textes juridiques tandis que l'article 62 de la nouvelle loi du 7 août 2018 parle de « moyens invoqués », pendant que l'article 113 de la loi électorale ne parle que de « moyens d'annulation » sans en déterminer la nature juridique ou non juridique. En pratique, il s'agit des moyens de fait et de droit. Ce qui octroie aux justiciables plus de sécurité juridique et de chance dans l'exercice de l'action en justice en soutien des prétentions alléguées. En tant que moyens de droit, il peut s'agir des textes juridiques ou de la jurisprudence relative aux élections antérieures. En tant que moyens de fait, il s'agit simplement de tout moyen de preuve susceptible d'établir la véracité des faits allégués. Aussi, force est-il de préciser que quelle que soit la nature des moyens invoqués il faut qu'ils soient appuyés par des preuves suffisantes, afin d'établir la véracité des faits allégués. En ce sens, il suffit de se référer à la jurisprudence de la Cour constitutionnelle citée dans les développements précédents pour s'en convaincre. En matière de contentieux électoral la preuve est libre, c'est-à-dire qu'elle peut être faite par tout moyen. Mais, le principe de la liberté de la preuve ne signifie pas que tous les moyens de preuve sont admis. Par conséquent, la liberté de la preuve n'exclut pas la loyauté dans l'administration de la preuve.

C'est dire que les moyens de preuves illicites ne sont pas admis. Il appartiendra au juge d'en apprécier la pertinence au regard des circonstances de la cause. Ainsi, à titre de droit comparé, la Cour administrative d'appel de Lyon avait, dans un arrêt du 5 octobre 1994, jugé irrecevables les éléments de preuve obtenus illicitement. Dans le sens contraire, le Conseil d'Etat avait, dans un arrêt du 8 novembre 1999 relatif aux élections cantonales de Bruz, décidé que : « Le fait que le tribunal administratif s'est fondé sur un document administratif confidentiel, soustrait à son auteur, n'emporte pas l'irrégularité de la procédure, dès lors que les parties ont pu en discuter contradictoirement. »

Au cas où la requête n'obéirait pas à ces exigences elle sera déclarée irrecevable. Ce fut le cas de certaines requêtes rejetées par la Cour constitutionnelle dans sa décision du 29 septembre 2017 au motif qu'elles ne remplissaient pas les formalités impératives prévues par l'ancien article 56, devenu articles 61 et 62. En effet, plusieurs illustrations jurisprudentielles antérieures corroborent cette assertion. Ainsi, à l'occasion des législatives du 15 juillet 2007 dans l'une des circonscriptions de Makélékélé, Madame P. et Monsieur T. avaient introduit un recours en annulation de ce scrutin, alléguant des fraudes massives et la corruption au moyen de la distribution des sommes d'argent aux électeurs dans certains bureaux de vote. Dans une décision du 22 août 2007, la Cour constitutionnelle rejeta leur requête au motif que les conditions de recevabilité n'étaient pas respectées en sus de l'absence de preuve des faits allégués. Elle en décida que :

« Considérant qu'en vertu des articles 54, 55 et 56 alinéa 1 de la loi organique relative à la Cour constitutionnelle le droit de contester une élection appartient au candidat qui saisit la Cour constitutionnelle au moyen d'une requête signée, datée (...) ; que selon l'article 113 de la loi électorale, les pièces produites sont annexées à la requête ;

Considérant que les requérants n'ont pas joint à la requête la preuve de leurs allégations en soutien de leurs moyens ;

Considérant, au surplus, que la requête de saisine ne contient ni la date, ni le lieu de naissance des requérants ; que leur requête est, par conséquent, irrecevable. »

Dans le même sens, la Cour constitutionnelle avait également rejeté un recours en contestation du scrutin du 24 juin 2007 dans l'une des circonscriptions de Mfilou-Ngamaba au motif que les prescriptions de l'article 56 alinéa 1, devenu l'article 61, n'étaient pas respectées. Ainsi, dans sa décision du 30 août 2007, elle décida que : « Considérant que la requête de Madame KOS n'indique pas les nom et prénom de l'élu dont l'élection est contestée ; que sa requête est, par conséquent, irrecevable. »

Dans une autre espèce, Monsieur M, candidat malheureux lors des mêmes élections législatives mais dans la circonscription unique de Ngbala, avait exercé un recours en disqualification. Mais, dans une décision du 03 septembre 2007, la Cour rejeta ce recours pour défaut de texte invoqué en soutien de la requête conformément à l'ancien article 56 alinéa 2 et 3 de la loi organique sur la Cour constitutionnelle, devenu articles 61 et 62. Ainsi, elle en décida que :

« Considérant que la requête de Monsieur M. ne contient ni les textes invoqués pour l'annulation, ni les pièces produites en soutien des moyens ; que, dans ces conditions, le recours n'est pas fondé et doit être rejeté. »

En outre, la requête doit être signée. Par qui ? Cette question avait fait couler beaucoup d'encre et de salive lors des audiences relatives aux législatives du 16 juillet 2017 à la Cour constitutionnelle. Aux termes de l'article 55 alinéa 1, devenu articles 60 et 61, de la loi sur la Cour constitutionnelle :

« La Cour constitutionnelle ne peut être saisie que par une requête écrite et signée par les personnes visées à l'article 54 ci-dessus. ».

Or, ces personnes ne sont autres que les candidats, leurs représentants, les partis politiques et les groupements de partis politiques concernés. Mais là où le bât blesse, c'est que dans sa décision du 29 septembre 2017 la Cour constitutionnelle avait rejeté certaines requêtes examinées au motif qu'elles étaient signées par les avocats des candidats et non par les candidats eux-mêmes. C'est notamment le cas de la requête en contestation introduite par Monsieur A.D.M. par l'entremise de son avocat. Alors, un avocat ne peut-il pas être considéré comme le représentant des intérêts de son client ?

Un avocat est un auxiliaire de justice qui a pour mission de conseiller les clients, de les défendre et de les représenter dans diverses opérations qui les concernent. C'est ainsi qu'on voit souvent les avocats représenter leurs clients aux audiences ou dans la négociation et la conclusion des contrats, par exemple. Sur le plan juridique, il y a entre un avocat et son client un contrat qui les lie. Par conséquent, le client peut confier à son avocat la mission d'accomplir certains actes en ses lieu et place. Cet acte juridique n'est rien d'autre que le contrat de mandat. Or, en vertu du contrat de mandat, le mandataire, en l'espèce l'avocat, a le droit d'accomplir des actes en lieu et place du mandant, en l'espèce, le client. Transposé au contentieux, quel qu'il soit, un avocat a donc le droit de représenter son client aux fins d'accomplir les actes de procédure pour le compte de ce dernier. Il s'agit à n'en pas douter d'un principe général de droit qui participe du droit au juge, dont le droit à un procès équitable est un maillon important. Pour plus de clarté et d'assurance dans l'intérêt des justiciables et d'une bonne administration de la justice, il serait souhaitable d'améliorer notre législation, en particulier la loi organique sur la Cour constitutionnelle et la loi électorale afin de conférer aux avocats le droit d'accomplir des actes de procédure en lieu et place de leurs clients. Ainsi, ils pourraient rédiger, signer et déposer des requêtes pour le compte des candidats dont ils défendent les intérêts à l'occasion du contentieux électoral. En ce sens, il est regrettable que la nouvelle loi organique du 7 août 2018 n'ait pas réglé ce problème. Ce qui aurait contribué à renforcer la démocratie et à garantir les droits des justiciables en matière de contentieux électoral. L'article 64 de ladite loi ne précise que :

« Les mandataires constitués par le requérant n'interviennent qu'à l'occasion des actes ultérieurs de la procédure.

Les mandataires constitués par les parties ne sont autorisés à plaider devant la Cour constitutionnelle que sur les mémoires produits aux débats. »

En ce sens, l'alinéa premier de cet article reprend les dispositions de l'article 55 alinéa 3 de l'ancienne loi organique du 17 janvier 2003. Ce qui suppose donc que les actes introductifs d'instance, en l'occurrence ceux liés à la requête adressée au juge, en sont exclus.

Enfin, la requête n'a pas d'effet suspensif. Cela veut dire qu'une fois le recours formé par le requérant, la personne élue et dont l'élection est querellée continue de siéger tranquillement jusqu'à ce que le juge rende une décision définitive.

Section II : Le déroulement de la procédure.

Le déroulement de la procédure est simplement la phase au cours de laquelle se tiennent les audiences relatives au contentieux électoral après la saisine du juge compétent. Cependant, force est de constater que cette phase est elle-même scindée en quelques séquences. La première séquence est prélude au procès proprement dit. En effet, après avoir reçu les requêtes en contestation l'affaire peut ou ne pas être instruite. En cas d'instruction aux fins de préparation des audiences à venir, il incombe au juge saisi des requêtes en contestation d'en informer toutes les parties concernées au contentieux ainsi que les chambres du Parlement ou des assemblées locales dans lesquelles siègent les défendeurs, c'est-à-dire les élus dont les élections sont contestées. En cas de contentieux relatif à la présidentielle, aux législatives ou aux sénatoriales, le secrétaire général de la Cour constitutionnelle avise l'Assemblée nationalc ou le Sénat, selon les cas, et la personne dont l'élection est contestée. Cette dernière a trois (3) jours pour y répondre. Ce délai était de quinze (15) jours sous l'empire de l'ancienne loi du 17 janvier 2003. En cas de contentieux relatif aux élections locales, le Président du tribunal administratif, après avoir été saisi du recours doit obéir à trois obligations fondamentales. D'abord, il doit en informer les parties au litige. Ensuite, le Président du tribunal administratif doit leur communiquer la date de l'audience au plus tard trois jours auparavant. Enfin, il doit statuer dans les quinze jours qui suivent. Ces prescriptions résultent de l'article 108 de la loi électorale. Dans sa mise en œuvre pratique, le Président du tribunal administratif doit auparavant désigner un magistrat officiant au sein de sa juridiction afin d'instruire l'affaire en vue de la préparation des audiences à venir. Ce magistrat œuvre donc comme un juge rapporteur en liaison avec le greffe du tribunal. A ce titre, il peut prendre toutes les mesures utiles à la manifestation de la vérité. Cependant, dans la réalité il a été donné de constater que le tribunal administratif régulièrement saisi ne statue pas forcément sur tous les recours en contestation dont il est saisi. Ainsi, lors des dernières élections locales du 16 juillet 2017, Madame B.E. inscrite en deuxième position sur l'une des listes en compétition à Talangaï avait été privée d'un siège au conseil local alors que eu égard au nombre de suffrages exprimés et au quotient électoral, elle aurait pu obtenir un meilleur sort. Car, la liste sur laquelle elle était inscrite avait obtenu deux sièges confirmés par les procès-verbaux dûment établis par la commission locale d'organisation des élections. Mais, à la proclamation des résultats un siège seulement était accordé à cette liste au profit d'une autre liste qui avait curieusement moins de suffrages et dont le quotient électoral ne permettait nullement d'obtenir un siège. Après un recours administratif préalable resté sans réponse, la tête de liste concernée avait saisi le tribunal administratif de Brazzaville aux fins de contestation. Mais, le tribunal administratif n'en a jamais organisé une audience encore moins répondu à cette requête.

Lors des opérations d'instruction, la Cour constitutionnelle a le pouvoir de procéder à plusieurs actes utiles à la manifestation de la vérité. A ce titre, elle peut ordonner une enquête et se faire communiquer tous les éléments relatifs à l'élection querellée. En outre, elle désigne l'un de ses membres afin de recueillir les témoignages sous serment, en dresser un procès-verbal et le communiquer aux parties. Ces dernières ont un délai de deux (2) jours pour déposer leurs observations écrites. Sous l'empire de la loi du 17 janvier 2003, ce délai était de huit (8) jours. Aussi, la Cour constitutionnelle a-t-elle la faculté de demander à l'un de ses membres de procéder à d'autres mesures d'instruction qu'elle juge utiles. Enfin, elle clôt l'instruction après la réception des observations des parties ou l'écoulement du délai imparti pour les produire. Cette clôture débouche logiquement à l'ouverture des audiences afin de trancher le litige.

Comme on peut le constater, pendant l'instruction de l'affaire et quelle qu'en soit la juridiction compétente, la communication des mémoires et des pièces utiles au procès de façon contradictoire est impérative. Cette exigence participe de l'exaltation des garanties d'une bonne justice qui sous-tendent le droit à un procès équitable. On entend par mémoire, un document écrit qui contient l'exposé des demandes du requérant appuyées par les moyens de droit ou de fait. Il existe deux sortes de mémoires. Il y a d'une part, le mémoire introductif qui n'est autre que la requête introductive d'instance déposée devant la juridiction compétente par le requérant ou son représentant. Il peut contenir un exposé lapidaire des moyens invoqués et les conclusions du demandeur. Il y a d'autre part, le mémoire ampliatif. Il peut faire suite au mémoire introductif dans le but de développer les moyens qui n'y seraient exposés que brièvement. L'intérêt de cette distinction tient au fait que lorsque la requête introductive d'instance a été présentée sous la forme d'une requête sommaire, elle doit être suivie par un mémoire ampliatif afin de compléter ladite requête. Le mémoire ampliatif est donc un mémoire complémentaire. Les incidences qui en découlent dans le cadre de la communication des pièces entre les parties ne sont pas négligeables au cours de l'instruction de l'affaire. En effet, l'argumentaire développé par le requérant au moyen du mémoire complémentaire peut, sans doute, induire un mémoire en défense que lui opposera le défendeur. A ce mémoire en défense, le requérant pourra continuer à alimenter l'échange contradictoire au moyen d'un mémoire en réplique qui lui permettra de répondre au défendeur. Cette réponse peut susciter un autre mémoire en défense que le défendeur lui opposera à nouveau. A ce second mémoire en défense, le requérant pourra y répondre au moyen d'un mémoire en duplique. Ainsi vont les vicissitudes du débat judiciaire contradictoire entre les litigants au cours de la phase d'instruction. Par ailleurs, il ressort de l'ancien article 57, devenu l'article 65 de la loi du 7 août 2018, que la Cour constitutionnelle peut, sans instruction contradictoire préalable, opposer une fin de non-recevoir aux requêtes qui n'obéissent pas aux exigences de formes requises à peine d'irrecevabilité. Aussi, peut-elle rejeter celles qui contiennent des griefs qui ne sont pas de nature à changer le résultat final. Dans tous les cas, la Cour doit motiver sa décision. L'article 65 nouveau prescrit que cette décision doit être notifiée aux parties, à la chambre du Parlement concernée, à la Commission nationale électorale indépendante et au ministre en charge des élections. L'ancienne loi n'étendait cette notification qu'au requérant et à la chambre du Parlement concernée.

Section III : Le dénouement de la procédure

Le dénouement de la procédure est simplement la dernière phase du processus juridictionnel. Après avoir recueilli et instruit les requêtes, le juge compétent doit trancher le litige et rendre sa décision. Comme les phases précédentes, le dénouement de la procédure se fait aussi en différentes séquences : l'ouverture des audiences, les dépositions des parties et des éventuels témoins, et la décision finale. Aussi, les avocats des parties ont-ils le droit de présenter oralement leurs mémoires. Le procès se tient en audience publique.

A l'ouverture des audiences les parties doivent être appelées et entendues relativement à leurs plaintes. C'est la résultante du principe du contradictoire qui préside aux garanties d'une bonne justice en général, et à l'exaltation du droit au juge en particulier. Le principe du contradictoire est un principe sacro-saint du droit processuel. Il opère à tous les stades de la procédure. A cet effet, il doit d'abord être respecté par le juge en ce qu'il lui incombe de l'observer lors de l'instruction et lors du jugement. Ensuite, le juge doit le faire respecter par les parties au contentieux, en ce qu'il leur enjoint de produire leurs observations contradictoires dans les délais requis. Ce qui permet à chaque partie au litige de bien assurer sa défense, en évitant d'être surpris par des productions intempestives émanant de certains adversaires. Aux parties peuvent aussi se succéder les témoins, afin de déposer librement et sous serment en faveur ou en défaveur des différents candidats. Leurs témoignages ne s'imposent pas au juge comme une vérité absolue. Le juge a le pouvoir d'en apprécier la fiabilité selon son intime conviction. Les parties au contentieux peuvent être assistées par leurs avocats. C'est dire que le ministère d'avocat en matière de contentieux électoral n'est pas obligatoire. Elles peuvent également être représentées par leurs mandataires dûment désignés.

A la fin des audiences, les juges se retirent pour délibérer. La délibération est simplement une séquence du dénouement de la procédure au cours de laquelle les juges se retirent pour examiner l'affaire et d'en discuter oralement afin de rendre une décision éclairée. Elle se fait à huis clos. Cette exigence est doublement significative. D'abord, elle couvre le secret de la délibération afin que cette séquence soit hors de la portée des tiers. Ce qui fait donc obligation aux juges d'examiner l'affaire et d'en discuter hors la présence du public et celle des parties ainsi que de leurs avocats. Ensuite, le huis clos interdit aux juges de divulguer le contenu des discussions et la manière dont chacun des juges participant à la délibération s'est prononcé. En ce sens, et à titre de droit comparé, le Conseil constitutionnel français avait jugé dans une décision du 10 novembre 1998 que « n'est pas communicable à un juge d'instruction le rapport présenté relativement à un litige électoral et qui est couvert par le secret qui s'attache aux délibérations du Conseil constitutionnel ». Auparavant, dans une autre affaire quasiment similaire, le Conseil d'Etat avait, dans un arrêt du 29 juillet 1998, décidé que « la note dans laquelle le rapporteur exprime son opinion ne peut être communiquée ». Il faut au moins sept (7) membres sur neuf (9) pour que la délibération ait lieu. Au cours de la délibération, les juges de la Cour constitutionnelle opinent selon l'ordre édicté par leurs âges respectifs. Ainsi, c'est le plus jeune d'entre eux qui opine le premier jusqu'au Président qui opine le dernier. A la fin, les juges constitutionnels prennent la décision finale à la majorité des membres ayant participé à la délibération. C'est dire que si l'un de ses membres est empêché de prendre part à la délibération, il ne devra pas donner son avis sur la décision à prendre. En cas d'égalité de partage des voix, celle du Président de la Cour constitutionnelle est prépondérante. La décision de la Cour constitutionnelle autant que celle rendue par le tribunal administratif dans le cadre du contentieux relatif aux élections locales doivent être motivées. La motivation est la base juridique sur laquelle se fonde la décision rendue par le juge. La motivation est une exigence légale à laquelle le juge ne peut se dérober. Elle a l'avantage d'éclairer les litigants et tous ceux qui s'intéressent au règlement du contentieux. La justice étant rendue au nom du peuple, il est tout à fait normal que les juges lui rendent comptent des raisons pour lesquelles ils se sont déterminés. Aussi, la motivation permet-elle d'apprécier la pertinence de la décision rendue par les juges, en ce que chacun pourra objectivement mesurer leur niveau d'impartialité et d'indépendance. En outre, une décision bien motivée est non seulement le gage d'une bonne administration de la justice, mais également un moyen qui permet à la juridiction supérieure saisie en cas de recours d'apprécier le bien-fondé de la décision soumise à sa censure. Après la délibération, arrive le moment fatidique tant attendu par tous, c'est-à-dire la décision finale. Cette décision revêt une nature polysémique selon la juridiction qui la rend. En effet, les décisions rendues par la Cour constitutionnelle sont simplement appelées « décision ». Celles rendues par le tribunal administratif sont appelées « jugement ». En cas de recours auprès de la Cour d'appel administrative, la décision qu'elle rendra s'appellera « arrêt ». Il en va de même pour celle qui sera éventuellement rendue par la Cour suprême, en cas de pourvoi en cassation. Quoi qu'il en soit, la décision rendue par le juge du contentieux électoral doit être notifiée aux parties et à la chambre du Parlement à laquelle l'élu appartient ou à l'assemblée locale à laquelle appartient le conseiller dont l'élection est contestée. Cette exigence apparaît dans la formulation finale de toutes les décisions rendues en matière de contentieux électoral. Ainsi, on peut citer en illustration celle rendue par la Cour constitutionnelle, le 26 octobre 2007 qui, après avoir développé son argumentaire, conclut en ces termes :

« Décide :

Article 1 : les résultats sont annulés ;

Article 2 : la présente décision sera notifiée au requérant, à l'Assemblée nationale et publiée au Journal Officiel. »

Cette décision produit des conséquences diverses selon sa nature. Il peut s'agir d'une décision de rejet de la requête ou d'une décision d'annulation de l'élection querellée. En effet, en cas de rejet de la requête les résultats contestés sont confirmés. Par conséquent, l'élu dont l'élection était contestée continue de siéger aisément. Mais, en réalité, la suite éventuelle de l'affaire dépend de la nature de la juridiction qui a rendu la décision. Ainsi, si la décision de rejet émane de la Cour constitutionnelle le contentieux électoral est clos puisque la Cour constitutionnelle tranche le contentieux électoral en premier et dernier ressort. Cela veut dire que ses décisions sont insusceptibles de recours. C'est ce qui ressort de l'article 181 alinéa 2 de la Constitution en vertu duquel : « Les décisions de la Cour constitutionnelle ne sont susceptibles d'aucun recours. Elles s'imposent aux pouvoirs publics, à toutes les autorités administratives, juridictionnelles et aux particuliers. » En revanche, si la décision de rejet émane du tribunal administratif la partie insatisfaite du jugement peut interjeter appel devant la chambre administrative de la Cour d'appel, parce que le tribunal administratif ne statue qu'en premier ressort. Ce qui ouvre donc le droit aux voies de recours comme le précise l'article 109 de la loi électorale aux termes desquels : « Les décisions du tribunal de grande instance en matière électorale sont attaquées conformément au droit commun. »

Pour ce faire, il convient de se référer au régime juridique de droit commun qui régit le droit processuel congolais. Ce régime est déterminé par les règles de procédure contenues dans différents codes, notamment le Code de procédure civile, commerciale, administrative et financière. Il en résulte que l'appel doit être fait dans un délai d'un mois. Ce délai court à compter du jour du jugement pour les parties présentes ou représentées et à partir de la notification du jugement pour celles qui ne sont ni présentes ni représentées. L'acte de notification doit contenir le dispositif intégral du jugement et mentionner le délai requis pour interjeter appel. Dans tous les cas, l'appelant doit adresser sa demande au greffe du tribunal de première instance qui a rendu le jugement attaqué. Il ne doit pas formuler de demande nouvelle en appel. On entend par demande nouvelle, toute celle qui tend à des fins différentes que celles formulées dans la demande en première instance. Les jugements susceptibles d'être attaqués en appel sont ceux qui tranchent le litige au fond et ceux qui ne tranchent pas le litige au fond, c'est-à-dire les jugements avant dire droit. Mais, la question se pose en ce qui concerne les jugements rendus par défaut, c'est-à-dire que le défendeur n'a pas comparu ou n'a pas été assigné à personne, ou encore n'a pas produit des observations écrites au cours de l'instruction. En principe, et en droit pur, le défendeur défaillant ne pourra que faire opposition à ce jugement. L'opposition est une voie de recours ordinaire de rétractation exercée par un plaideur contre lequel a été rendu un jugement par défaut. Elle consiste donc à saisir le même juge qui a rendu le jugement, afin qu'il rejuge l'affaire. Le délai pour l'exercer court à compter du jour où l'intéressé a eu connaissance du jugement querellé et, au plus tard, à compter du premier acte d'exécution. Elle n'a pas d'effet suspensif et sa raison d'être se justifie en vertu des principes généraux du droit processuel qui consacrent le droit d'exercer un recours contre tout jugement par défaut. Cependant, pour éviter les manœuvres dilatoires susceptibles d'allonger le règlement du contentieux, exceptionnellement le droit d'exercer l'opposition est limité à certains cas. Ainsi, l'opposition est exclue contre les jugements du tribunal administratif, notamment ceux relatifs au contentieux électoral. Au-delà du dilatoire, cette limite s'explique également par le fait qu'au regard de la mise en œuvre de la procédure relative au règlement du contentieux électoral, il est inimaginable que les parties au litige ne soient pas au courant de l'existence de la procédure qui les concerne. Comme vu plus haut, les obligations qui pèsent sur le juge du contentieux concernant l'information des parties à l'instance sont telles que ces dernières ne peuvent qu'être au courant des différentes séquences de la procédure. Ce qui signifie que l'unique voie de recours que puisse exercer la partie insatisfaite contre le jugement du tribunal administratif reste l'appel. En ce qui concerne l'effet du recours exercé en appel, il sied de préciser qu'en matière de contentieux administratif l'appel est, en principe, non suspensif. Ce principe découle de l'article 401 du Code de procédure civile, commerciale, administrative et financière en vertu duquel : « La demande en justice n'est pas suspensive de l'exécution de la décision contestée. » Mais, à la lumière de l'article 402 du même code, le juge peut exceptionnellement accorder un sursis à l'exécution de la décision attaquée si elle est susceptible d'entraîner un préjudice irréparable. En matière électorale, l'article 404 dudit code permet à la loi électorale de prescrire des dispositions spécifiques à cette matière. C'est ainsi, qu'au Congo, l'article 113 de la loi électorale précité prescrit l'effet non suspensif de la demande en contestation. Par conséquent, l'élu dont l'élection est contestée continue de siéger jusqu'à épuisement du contentieux, même si le jugement attaqué en appel annule son élection. Aussi, convient-il de dire qu'en première instance autant qu'en appel le ministère d'avocat n'est pas obligatoire en général, et en matière de contentieux électoral en particulier. La Cour d'appel saisie va donc rejuger toute l'affaire. Il s'agira d'un nouveau procès même si les litigants restent inchangés. A l'issue des audiences, elle rendra un arrêt qui peut confirmer le jugement rendu par les premiers juges. Mais, la Cour d'appel peut aussi réformer le jugement et infirmer la décision initiale. Dans tous les cas, la partie insatisfaite a le droit de se pourvoir en cassation devant la chambre administrative de la Cour suprême dans un délai de deux mois. Ce délai de principe peut être porté à trois mois lorsqu'une partie réside à l'étranger. Mais, concernant le contentieux électoral au Congo le problème de prorogation du délai ne devra pas se poser, en réalité, dans la mesure où la loi électorale fait obligation aux candidats aux élections de résider sur le territoire national au moins pendant le dépôt des candidatures. Ce qui veut dire qu'en cas de contentieux, toutes les parties concernées sont censées résidées au Congo. Concrètement, la personne qui se pourvoit en cassation doit adresser une requête écrite et signée au Greffe de la Cour suprême. A peine d'irrecevabilité, cette requête doit obéir à trois exigences. D'abord, elle doit indiquer les noms et prénoms et domiciles des parties. Ensuite, elle doit contenir un exposé sommaire des faits et des moyens de cassation invoqués. Enfin, elle doit être accompagnée d'une expédition de la décision attaquée, c'est à dire d'une copie de l'arrêt attaqué. En principe, le pourvoi en cassation n'est pas suspensif, sauf dans certains cas spécifiquement déterminés par la loi. Ainsi, comme en matière d'appel, le pourvoi en cassation n'empêche pas l'élu dont l'élection est contestée de continuer à siéger jusqu'à l'épuisement du contentieux électoral. Après l'accomplissement de toutes ces formalités, il appartiendra donc à la Cour suprême de trancher définitivement le litige en droit et non en fait. Cela veut dire que la Cour suprême ne juge que le droit parce qu'elle n'examine pas les faits. Elle examine simplement si la décision rendue par les juges d'appel est conforme à la loi, si elle est motivée et s'il n'y a pas de contrariété entre deux décisions définitives. Ainsi, si l'arrêt a été rendu conformément aux exigences légales elle rejette le pourvoi. Ce qui clôt définitivement le contentieux et conforte le résultat de l'élection contestée. En revanche, si la Cour suprême estime que l'arrêt rendu par les juges du fond n'est pas conforme aux exigences légales, elle casse la décision rendue et renvoie l'affaire et les parties devant une autre Cour d'appel. Il incombera à cette dernière de réexaminer ladite affaire et rendre un arrêt. En toutes matières, le ministère d'avocat n'est pas obligatoire devant la Cour suprême au Congo. Par ailleurs, il faut préciser que la Cour constitutionnelle autant que le tribunal administratif peuvent, sans instruction contradictoire préalable après avoir été saisis, rejeter immédiatement par une décision motivée les requêtes qu'ils jugent irrecevables en la forme ou ne contenant pas des griefs suffisants, c'est-à-dire ceux qui ne sont pas de nature à changer de façon déterminante le résultat final de l'élection contestée. C'est dans ce sens que la Cour constitutionnelle, dans sa décision du 29 septembre 2017, après avoir accueilli certaines requêtes qui remplissaient les conditions de recevabilité requises ne leur avait pas donné une suite favorable au motif que les irrégularités constatées n'étaient pas de nature à fausser les résultats du scrutin de manière déterminante. En guise de droit comparé, c'est sur la base de la même motivation que la Cour suprême du Libéria n'avait pas fait droit au recours en contestation introduit par Monsieur Joseph Boakaï, lors de la présidentielle du 10 octobre 2017.

Par contre, les juges du contentieux électoral peuvent aussi rendre une décision d'annulation de l'élection querellée. Cette annulation peut être totale ou partielle selon les cas. Quelle qu'en soit la nature, deux options sont possibles. D'une part, en cas d'annulation le juge du contentieux peut décider de l'organisation d'un autre scrutin partiel ou total dans un délai de deux mois à partir de la décision d'annulation, afin de désigner un nouvel élu ou de nouveaux élus. C'en fut le cas dans l'affaire LI et K. contre V.M, qui a été examinée en détail dans les développements précédents, à l'occasion des élections législatives du 15 juillet 2012 à Dongou. Ceci étant, l'examen de la jurisprudence en matière de droit du contentieux électoral révèle que les cas d'annulation ne sont pas légion, à l'opposé des décisions de rejet. Mais, on peut tout de même relever quelques rares cas d'annulation d'élection qui appellent plusieurs enseignements. D'autre part, les juges peuvent, au regard des éléments du dossier, annuler sans décider d'organiser une autre élection. Ainsi, ils reformulent le résultat initial et proclame vainqueur le candidat qui avait exercé le recours en contestation. A ce stade, il faut distinguer deux cas. Le premier cas est celui où la décision d'annulation émane de la Cour constitutionnelle. Ainsi, le litige est définitivement réglé puisqu'aucun recours n'est possible contre ses décisions. En conséquence, l'élu dont l'élection a été annulée cesse de siéger et laisse sa place à celui qui vient d'être déclaré vainqueur. Dans ce sens, le 26 octobre 2012, la Cour constitutionnelle avait rendu une décision remarquable et remarquée qui sera gravée éternellement au panthéon de la jurisprudence référentielle. En l'espèce, Monsieur P. MB, candidat malheureux aux législatives du 15 juillet 2012 dans la deuxième circonscription de Mfilou, avait introduit un recours en contestation devant la Cour constitutionnelle aux fins d'annulation de l'élection querellée. La Cour constitutionnelle avait fait droit à sa requête, en annulant cette élection et en reformulant le résultat final en sa faveur. Ce cas d'annulation est si rarissime et bien rangé dans les annales de la jurisprudence en matière de contentieux électoral au Congo, qu'il mérite qu'on s'y attarde, en reproduisant intégralement la décision de la Cour constitutionnelle :

« Considérant que le requérant allègue l'existence d'une erreur matérielle lors de la proclamation des résultats dans la deuxième circonscription de Mfilou par le ministre de l'intérieur ; qu'après la clôture du scrutin, il a été procédé au dépouillement ; que les présidents des bureaux de vote ont publié :

- J.M. NS. = 1.075 voix ;

- P. MB. = 1.126 voix ;

Considérant qu'il résulte de la proclamation des résultats que J.M. NS a obtenu 4.997 voix et P. MB. 1.111 voix ;

Considérant que le requérant joint à sa requête 37 formulaires de transcription et de proclamation des résultats provisoires et un procès-verbal de constat d'huissier ; qu'il sollicite le recomptage par la Cour constitutionnelle des voix des 37 bureaux de vote que compte la circonscription électorale de Mfilou 2 ;

Considérant que l'article 99 nouveau de la loi électorale du 25 mai 2007 modifiant et complétant certaines dispositions de la loi du 10 janvier 2001 dispose que « le président du bureau de vote, immédiatement après le dépouillement et le décompte des voix, rend public et affiche le résultat provisoire du scrutin. Il remet aux représentants de chaque candidat le formulaire des résultats du scrutin dûment signé de toutes les parties. Il transmet, à la commission locale d'organisation des élections, le procès-verbal accompagné des pièces (…) » ;

Considérant que l'examen des pièces versées au dossier ne permet pas d'établir l'origine des résultats proclamés par le ministre en charge des élections ; que par contre les 37 formulaires de transcription et de proclamation des résultats de l'ensemble des bureaux de vote sont signés par tous les membres y compris les délégués des deux candidats ; qu'ainsi les résultats indiqués dans ces formulaires sont, donc, probants et se présentent comme suit :

- J.M. NS. = 1.097 voix ;

- P. MB. = 1.108 voix ;

Qu'il échet de faire droit à la requête du requérant en reformulant les résultats contestés et ce, conformément à l'article 116 de la loi électorale du 10 décembre 2001 « la juridiction compétente, lorsqu'elle fait droit à une requête, peut, selon les cas, annuler l'élection ou reformuler les résultats proclamés par le ministre de l'intérieur et déclarer, élu, le candidat régulièrement élu au vu de ces résultats. »

Que les résultats de l'élection dans la deuxième circonscription électorale de Mfilou sont, par conséquent, formulés ainsi qu'il suit :

- P. MB. = 1.108 voix ;

- J.M. NS. = 1.097 voix ;

Que P. MB est déclaré élu. »

Le deuxième cas est celui où la décision d'annulation émane du tribunal administratif. Ainsi, la partie insatisfaite a le droit d'exercer toutes les voies de recours jusqu'au pourvoi en cassation devant la Cour suprême tel qu'on vient de le détailler plus haut. C'est dire qu'en cas de reformulation du résultat de l'élection contestée en première instance, c'est la décision finale qui éteindra le contentieux et déterminera le candidat véritablement élu. Si l'annulation d'une élection par le juge du contentieux électoral ne suscite pas systématiquement de commentaires prolixes, dans la mesure où cela relève de son office, quand bien même il déciderait aussi de l'organisation d'un autre scrutin, c'est, par contre, la reformulation du résultat de l'élection contestée qui appelle d'amples commentaires.

En effet, en matière contentieuse, le juge administratif est un juge et non un administrateur. Par conséquent, son office doit se limiter à trancher les litiges qui lui sont confiés sans se substituer aux autorités administratives, afin de défaire et refaire leurs décisions ou leurs actes réglementaires. Aux termes de l'article 403 du Code de procédure civile, commerciale, administrative et financière congolais :

« La légalité des actes administratifs ne constitue jamais une exception préjudicielle de sorte que les juridictions, saisies d'une exception d'illégalité au cours d'une instance, ont compétence pour apprécier et interpréter la légalité des actes administratifs versés aux débats.

Elles ne peuvent, cependant, annuler un acte administratif illégal ni même s'opposer à son exécution.

Elles se bornent à constater son illégalité et par voie de conséquence, à écarter son application dans le litige qui leur est soumis. »

C'est ainsi qu'au Congo, par exemple, lorsque le juge du tribunal administratif est saisi d'une exception d'illégalité soulevée par une partie au cours d'une instance contre un acte administratif illégal, il n'a que le droit de constater son illégalité et refuser de l'appliquer. Donc, il n'a pas le droit d'annuler l'acte querellé. En revanche, ce droit appartient exceptionnellement aux juges de la Cour suprême lorsqu'ils sont saisis d'un recours en annulation par le requérant au moyen d'une demande expresse. Dans ce cas, ils peuvent décider de surseoir l'exécution de la décision attaquée si les moyens invoqués sont sérieux et que le préjudice encouru par le requérant est irréparable. Ainsi, ils peuvent annuler partiellement ou totalement l'acte jugé illégal. Par contre, ils n'ont pas le droit d'annuler un acte administratif et d'en concevoir un autre qui remplacera l'acte annulé. Il en est de même des différentes décisions qui émanent de l'autorité administrative. Par exemple, après avoir annulé un acte jugé illégal ou irrégulier, le juge administratif ne peut pas procéder à des nominations des fonctionnaires à la place de ceux qui ressortaient de l'acte annulé. Il ne peut pas non plus, par exemple, accorder des autorisations telles que des permis de construire contrairement aux prescriptions de l'acte annulé, ni édicter des réglementations. C'est l'affirmation du principe de l'interdiction du « juge-administrateur ». Ce principe d'interdiction repose sur un autre principe, en l'occurrence celui de la séparation des pouvoirs entre l'exécutif, le législatif et le judiciaire. Cependant, comme disait Jean Carbonnier : « En droit tout principe souffre toujours de quelques exceptions. » Par conséquent, le principe d'interdiction du « juge-administrateur » n'échappe pas à ce syllogisme. A cet effet, quelques restrictions perceptibles en matière de contentieux pour excès de pouvoir et de plein contentieux écornent ce principe de façon subreptice ou ostensible. Ainsi, en matière de plein contentieux subjectif, le juge administratif peut accorder des dommages-intérêts à la victime d'un préjudice alors que l'administration les lui avait refusés. Il peut aussi les lui en accorder plus, alors que l'administration ne les lui en avait accordés que moins. C'est en matière de plein contentieux objectif que la possibilité pour le juge de substituer ses décisions à celles émanant de l'administration, et qui lui sont soumises, est très clairement mis en relief en ce qui concerne le contentieux électoral.

En effet, comme dit plus haut, en matière électorale le juge peut, après avoir annulé une élection, décider de la tenue d'un nouveau scrutin autant qu'il peut aussi décider de reformuler le résultat initial et déclarer vainqueur le candidat qui avait perdu l'élection contestée. Ce qui lui permet donc de rectifier et d'inverser les résultats proclamés par l'administration électorale. Cette latitude confère donc au juge un pouvoir considérable qui lui permet de se comporter en « juge-administrateur ». La consécration de ce pouvoir gigantesque reconnu au juge en matière de contentieux électoral suscite une interrogation : En annulant sans reformuler, le juge peut-il décider de désigner les personnes chargées de réorganiser le nouveau scrutin ?

En droit positif congolais, la réponse à cette question est évidemment négative. Car, la loi ne confère pas au juge du contentieux électoral ce pouvoir. Mais, à titre de droit comparé, certaines législations l'ont reconnu. Ainsi, en France, la loi du 31 décembre 1975 incorporée au Code électoral octroie au juge de l'élection d'énormes pouvoirs au-delà de la reformulation. A ce titre, il a le droit de décider, en cas d'annulation pour fraude, que, lors du nouveau scrutin, les bureaux de vote soient présidés par des personnes désignées par le Président du tribunal de grande instance. Dans un arrêt du 08 février 1980, le Conseil d'Etat avait décidé dans ce sens à l'occasion d'un contentieux relatif aux élections cantonales de Vincennes-Fontenay. Il confirma cette jurisprudence dans un autre arrêt du 28 janvier 1987 concernant les élections cantonales de Champigny-sur-Marne-Centre. La loi du 31 décembre 1975 précitée permet aussi au juge du contentieux électoral de communiquer au procureur de la République le dossier d'une contestation électorale si les faits de fraude sont relevés. C'est dans ce sens que décida le Conseil d'Etat dans un arrêt du 02 septembre 1983 à la suite d'un contentieux relatif aux élections municipales de Sarcelles. Il en fut de même dans un autre arrêt du 14 septembre 1983 concernant les élections municipales d'Antony. La même loi confère également au juge le droit de suspendre, malgré l'appel interjeté, le mandat des conseillers généraux et municipaux dont l'élection est annulée. Ainsi, le Conseil d'Etat décida dans ce sens dans un arrêt du 14 septembre 1983 concernant les élections municipales de la commune de La Queue-en-Brie. Aussi, confirma-t-il la même jurisprudence dans un autre arrêt du 19 octobre 1989 à l'occasion des élections municipales de San-Damiano. Enfin, la loi 15 janvier 1990 confère au juge le pouvoir de sanctionner la violation des règles relatives au plafonnement des dépenses électorales. A ce titre, le juge peut prononcer des démissions d'office et des inéligibilités.

Au Kenya, après que la Cour suprême avait annulé l'élection présidentielle querellée du 08 août 2017 pour fraude, le leader de l'opposition, Raila Ondinga, auquel la Cour suprême avait fait droit au recours en annulation, avait exigé que le nouveau scrutin ne soit pas organisé et géré par les mêmes membres de la Commission électorale soupçonnés de manque d'impartialité. Ne l'ayant pas obtenu, il refusa de participer au nouveau scrutin laissant la voie libre à la victoire de son adversaire, le Président Uhuru Kenyatta. Au-delà des considérations diverses que ce problème peut susciter, il n'en reste pas moins vrai que ce fait peut nous servir d'un très bon cas d'école. En effet, si les juges de la Cour suprême, en l'espèce, avaient le pouvoir d'annuler et de désigner d'autres personnes chargées d'organiser la nouvelle élection présidentielle, cela aurait peut-être influé positivement sur la gouvernance électorale, gage de la consolidation de la démocratie.

De tout ce qui précède, on peut remarquer le rôle important que joue le juge du contentieux électoral en France, en exerçant des pouvoirs accrus que lui confère la loi, notamment, en cas d'annulation pour fraude. Cet exemple constitue assurément le gage d'une démocratie sécurisée et rassurante. Il serait souhaitable d'y réfléchir, afin de favoriser l'enracinement de notre démocratie au moyen de l'évolution de la législation sur la gouvernance électorale. L'ampleur de la fraude constatée lors des différentes élections que nous avions connues en Afrique en général, et au Congo en particulier invite à peaufiner la réflexion dans ce sens. Ainsi, que la loi congolaise reconnaisse aussi au juge du contentieux en cas d'annulation, pour cause de fraude, le droit de désigner les personnes chargées de veiller au bon déroulement du nouveau scrutin. Tout compte fait, lorsqu'une décision rendue par le juge du contentieux électoral est devenue définitive, c'est-à-dire insusceptible d'être attaquée au moyen des voies de recours elle s'impose à l'administration. Par conséquent, il lui incombe de la respecter et de l'appliquer.

Par ailleurs, il peut arriver que le juge rende une décision avant-dire droit. On entend par décision avant-dire-droit ou avant faire droit, une décision provisoire prise au cours de l'instance pour ordonner une mesure d'instruction, notamment une enquête, ou la production d'une preuve utile à la manifestation de la vérité. Etant une décision provisoire, elle ne tranche pas le litige au fond. Par conséquent, elle ne dessaisit pas le juge et n'a pas autorité de la chose jugée au principal. Dans ce cas, le juge doit statuer définitivement au fond dans un délai d'un mois à compter du prononcé de cette décision. Ce cas s'était produit en 2007 lors des élections législatives. En l'espèce, Messieurs N.F, candidat titulaire, et EP, son suppléant, avaient introduit un recours en contestation de la décision d'annulation des résultats du premier tour du scrutin dans l'une des circonscriptions de Poto-Poto par le ministre en charge des élections. En soutien de leur prétention, ils avaient relevé que les procès-verbaux des différents bulletins de vote comportaient la mention « rien à signaler » et qu'aucun candidat n'avait contesté ces résultats. Ne disposant pas de tous les éléments d'appréciation, la Cour constitutionnelle avait rendu une décision avant-dire droit, le 14 juillet 2007, aux fins de demander à la commission nationale d'organisation des élections la transmission desdits éléments. Ainsi, elle en décida que :

« Considérant que les articles 101 de la loi électorale du 10 décembre 2001 et 17 de la loi du 25 mai 2007 modifiant et complétant certaines dispositions de la loi électorale du 10 décembre 2001 font obligation à la commission nationale d'organisation des élections de transmettre à la Cour constitutionnelle les résultats des élections ; qu'à ce jour la Cour constitutionnelle ne dispose pas des résultats des élections législatives du 24 juin 2007, ni les procès-verbaux y afférents ; qu'elle ne peut, dès lors, se prononcer sur le contentieux y relatif ; que, par conséquent, il y a lieu d'ordonner leur transmission par la commission nationale d'organisation des élections à la Cour constitutionnelle pour permettre à cette juridiction de statuer au fond ;

Décide avant dire droit :

La Cour constitutionnelle demande à la commission nationale d'organisation des élections de lui transmettre les résultats du premier tour des élections législatives et les procès-verbaux y relatifs. »

Une semaine plus tard, le 20 juillet 2007, la Cour constitutionnelle confirma sa jurisprudence dans une autre affaire dans laquelle Messieurs B. et ES, candidats à Loukoléla, demandaient l'annulation et la disqualification du candidat D. pour fraude et bourrage des urnes. Ne disposant pas de tous les éléments d'appréciation, la Cour demanda également à la commission nationale d'organisation des élections de les lui transmettre, au moyen d'une décision avant-dire droit.

Enfin, il peut aussi arriver que le juge se désiste. En droit processuel, le désistement est l'acte par lequel une personne renonce à une action introduite initialement. C'est par exemple le cas d'un candidat qui renonce à prendre part à une élection en retirant sa candidature dûment présentée. C'est aussi le cas d'un requérant qui renonce à poursuivre une action en justice initialement intentée. Ce qui conduit le juge régulièrement saisi à désister à son tour, en n'examinant pas la requête concernée. C'est de ce dernier cas qu'il s'agit dans notre étude. Le désistement du requérant induit des conséquences juridiques de grande importance, en ce qu'il permet au juge de ne pas se prononcer sur les conclusions dont il avait été saisi. Par conséquent, il ne peut que donner acte du désistement. C'est dans ce sens que la Cour constitutionnelle avait, dans sa décision du 29 septembre 2017, donné acte du désistement de certains candidats notamment celui de Monsieur PO, candidat aux législatives du 16 juillet 2017 dans le département de la Cuvette-Ouest. Auparavant, la Cour constitutionnelle avait aussi décidé dans le même sens. En l'espèce, Monsieur MAN, candidat aux législatives du 15 juillet 2012 dans la circonscription unique de Makabana dans le département du Niari, avait exercé un recours en annulation le 20 juillet 2012 pour irrégularité. Mais, le 13 août 2012, il sollicita finalement l'arrêt de la procédure. Dans une décision du 17 octobre 2012, la Cour constitutionnelle fit droit à sa requête, en donnant acte de son désistement. Il en est de même dans une autre affaire relative aux élections législatives du 24 juin 2007. En l'espèce, Monsieur AD, candidat malheureux, demanda l'annulation des résultats du scrutin querellé par une requête introduite le 25 juin 2007. Mais, le 1er juillet 2007, il demanda le retrait de ladite requête. Dans une décision du 14 juillet 2007, la Cour constitutionnelle donna acte de son désistement. Ce qui entraîna donc l'extinction de l'instance en cours.

Comme on le voit, le mode de règlement du contentieux électoral au Congo confère une compétence partagée entre la Cour constitutionnelle et le tribunal administratif selon la nature de l'élection contestée et l'objet du contentieux. La mise en œuvre de la procédure y afférente est strictement régie par la loi au point qu'une petite inobservation des exigences de forme requises suffit pour faire échec au recours intenté par le requérant, quand bien même il aurait toutes les chances de l'emporter au regard des éléments de fond. Les justiciables doivent donc faire preuve de connaissance des règles basiques relatives à l'exercice des recours en contestation auprès du juge compétent, en s'imprégnant du droit fondamental qui constitue le fond de l'affaire et du droit processuel qui en constitue les règles de forme. Pour ce faire, la méthode « F.P.R. » exposée précédemment et qui constitue la sève du règlement du contentieux est vivement conseillée aux litigants et autres acteurs chargés de le trancher.

CONCLUSION :

Au commencement de la fin de cette étude consacrée au contentieux électoral au Congo, force est de marteler davantage que ce sujet est d'une importance considérable. Car, selon la manière d'appréhender ou de trancher les contestations nées des élections peuvent découler du bon, propice au renforcement de la démocratie ou du mauvais, propice aux conséquences catastrophiques susceptibles d'induire l'instabilité socio-politique. Aussi, permet-il d'une part de juger du niveau de la gouvernance électorale de notre jeune démocratie, et d'autre part de juger du niveau de culture démocratique et de culture judiciaire de notre peuple. Autant à l'égard des différents candidats aux élections qu'à l'égard des tiers qui s'y intéressent sans oublier les juges chargés de trancher le contentieux électoral.

Quoi qu'il en soit, les contestations relatives aux élections ne sont pas une spécificité congolaise dans la mesure où elles sévissent à l'échelle mondiale même dans les grandes démocraties, mais à des degrés différents selon le niveau de gouvernance électorale. Aucun scrutin n'étant parfait, les irrégularités qui sont à la source du contentieux électoral sont comme ce que la silhouette est à l'homme ou ce que la radioactivité est à l'uranium. Elles découlent d'une foultitude de causes perceptibles à travers toutes les phases du processus électoral. Son objet est strictement limité par la loi. Pour ne pas en perdre le latin, il sied de se focaliser sur un triangle d'interrogations qui nous interpellent :

- Primo : La restriction de l'objet du contentieux électoral est-elle propice à la démocratie ?

La réponse à cette première question suscite des opinions variées selon l'approche des uns et des autres. D'une part, il y a des démocrates jusqu'au bout des ongles qui soutiennent que la démocratie est le pouvoir du peuple par le peuple et pour le peuple. C'est dire que le pouvoir démocratique, ou même non démocratique, appartient au peuple. Car, le peuple est le souverain primaire. A ce titre, il doit participer activement à l'édification des règles qui concourent au bien-être social au moyen, entre autres, de la désignation des mandataires chargés de le représenter dans les instances de prise de décision au service de l'intérêt général. Pour ce faire, il serait souhaitable que les candidats aux élections soient entourés de garanties nécessaires qui puissent leur permettre de jouir amplement des vertus de la démocratie. Ainsi, ils doivent non seulement exercer librement leur droit de vote, mais aussi de jouir du droit d'être éligible. Dans ce dernier cas, ils doivent amplement bénéficier du droit d'ester en justice en cas de contestation des résultats, dont les scrutins sont souvent émaillés d'irrégularités. Or, en limitant strictement l'objet du contentieux électoral uniquement aux actes préparatoires à l'élection et aux opérations de vote, la loi ne permet pas la jouissance de façon large des garanties qui participent de la bonne gouvernance électorale et, par-delà tout, de l'enracinement de la démocratie. Il aurait donc été souhaitable que l'objet du contentieux électoral au Congo fût élargi aux actes relatifs au recensement pré-électoral et à toutes les infractions électorales antérieures, concomitantes et postérieures aux opérations électorales susceptibles d'affecter l'exercice d'un mandat électif injustement obtenu. Il incomberait donc aux juges compétents d'apprécier l'opportunité de les prendre en considération ou non, en vertu des circonstances de la cause. C'est le prix à payer pour une démocratie apaisée et rassurante.

D'autre part, il y a une autre frange de démocrates qui pensent aussi que la démocratie est indiscutablement le pouvoir du peuple par le peuple et pour le peuple, certes. Mais, cette reconnaissance n'exclut pas de l'entourer de garde-fous utiles, afin de préserver l'ordre public et la paix sociale. Par conséquent, l'exercice de certains droits et libertés individuels doit être encadré pour ne pas affecter la stabilité socio-politique qui est une condition sine qua non du développement. A cet effet, l'objet du contentieux électoral doit être limité aux actes préparatoires et aux opérations de vote, afin d'éviter les recours abusifs qui engorgeraient les juridictions compétentes et conduiraient aux querelles inextinguibles.

- Secundo : Le mode de règlement du contentieux électoral au Congo est-il efficace ?

Comme pour la première question, celle-ci suscite aussi des opinions antagonistes au gré des états d'âme de chacun. Les uns y répondent par l'affirmative estimant que les juges du contentieux électoral au Congo sont indépendants. A contrario, d'autres pensent le contraire et sont majoritaires. Ils estiment que le contentieux électoral ayant une connotation très politique, le juge du contentieux n'est pas indépendant et impartial en raison des pressions politiques qu'il subit. Par conséquent, il faut supprimer la Cour constitutionnelle jugée trop politique, notamment, quant au mode de désignation de ses membres et transférer les prérogatives du règlement du contentieux électoral à la Cour suprême comme au Kenya ou au Libéria, par exemple. Au-delà de ces deux doctrines contradictoires qui s'expriment à tort ou à raison, force est de constater objectivement que ce qui permet de juger les juges, c'est la motivation qui fonde leurs décisions. Or, en passant au crible le dernier règlement du contentieux électoral au Congo à travers la jurisprudence du 29 septembre 2017, aucune influence politique qui mettrait les juges aux ordres du pouvoir ne peut être relevée au regard des décisions rendues par la Cour constitutionnelle. Comme dit en prolégomènes, le rejet des 53 recours exercés a un fondement juridique solide et conforme au régime juridique qui régit le contentieux électoral au Congo. Car, les requérants n'avaient pas observé les modalités de procédure et de fond exigées pour obtenir gain de cause. Ainsi, leur ignorance ou leur égarement juridique dissipe ipso facto tout débat sur une éventuelle pression politique exercée sur les juges constitutionnels, quand bien même il en fût autrement dans certains contentieux antérieurs. Quoi qu'il en soit, qu'il s'agisse de la Cour constitutionnelle, de la Cour suprême ou du tribunal administratif ce sont les mêmes hommes et les mêmes femmes congolais qui sont chargés de rendre la justice. A cet effet, les problèmes d'indépendance et d'impartialité se poseront toujours avec acuité au Congo comme ailleurs. En disant « selon qu'on est puissant ou misérable les jugements de justice vous feront blanc ou noir », Jean de Lafontaine ne parlait pas de la justice congolaise. Aussi, à travers son célèbre poème intitulé LES RATS, Jean Racine assénait-il une critique acerbe à l'égard des juges. Or, ces derniers n'étaient pas de nationalité congolaise. Ces deux grands intellectuels et penscurs investis d'une aura extra-hexagonale parlaient de leur pays, la France…

- Tertio : Peut-on se préserver du contentieux électoral ?

Au regard de l'état d'avancement de notre jeune démocratie à l'instar de la démocratie africaine âgée seulement de 29 ans, excepté le Sénégal et l'Afrique du sud, il est très difficile voire impossible d'éviter le contentieux électoral. Les schèmes démocratiques auxquels nous nous référons et qui ont atteint un niveau de gouvernance électorale acceptable ont mis un siècle, c'est-à-dire 100 ans pour achever la construction de la démocratie : « Patience et longueur de temps font mieux que force ni que rage », aurait ajouté Jean de Lafontaine. En plus, les irrégularités à l'origine de la contestation électorale sont si consubstantielles aux élections qu'éviter le contentieux électoral relève du mirage, pour le moment. Cependant, nonobstant ce hic astronomique, il est possible de cultiver l'esprit patriotique et républicain afin d'œuvrer sans désemparer dans le sens de réduire au maximum les effets pervers des irrégularités à défaut de les éradiquer. « Aux grands maux de grands remèdes », nous dit-on. Mais, doit-on toujours attendre qu'un fait malsain surgisse pour l'éradiquer ? Assurément pas, car en toute chose susceptible de générer le mal, la prévention est le meilleur bouclier de protection pour préserver la paix publique et la sérénité individuelle. Car, la « prévention est la mère de toute sécurité », nous dit un autre adage. Pour ce faire, il convient d'agir largement en amont afin de prendre des mesures idoines. Ces mesures doivent s'articuler autour de trois exigences majeures inspirées des défauts qui sont à la source du contentieux électoral, mais aussi de l'ignorance ou de la légèreté de certains requérants.

D'abord, il faut bien former le personnel de l'administration électorale. Lors des élections en général, et celles du 16 juillet 2017 en particulier, tout le monde a pu constater des manquements criards imputables à l'administration électorale. Les témoignages des observateurs étrangers et locaux suffisent largement pour corroborer ce fait. De l'absence de noms sur les listes électorales alors que le candidat a été régulièrement inscrit au défaut de matériel électoral, en passant par l'inexistence de la photo ou de l'emblème de certains candidats sur les bulletins de vote, la brochette des errements imputables à l'administration électorale est à la fois indigeste et kilométrique. Telle la toile de Pénélope, ils sont difficiles à contenir. Pour y remédier, il est impératif que l'Etat mette les moyens nécessaires afin que les membres de l'administration électorale soient très bien formés et éduqués. Aguerris d'une bonne formation et imprégnés d'Ethique républicaine, ils vont par la suite former et éduquer les personnes recrutées à titre ponctuel pour les assister tout au long du processus électoral. Aussi, faut-il mettre la pression sur tous les différents acteurs qui œuvrent au sein de l'administration électorale, afin qu'ils témoignent de rigueur et de conscience professionnelle aiguë dans l'exercice de leur mission, notamment par le respect de la ponctualité relative à l'heure d'ouverture et de fermeture des bureaux de vote. Outre l'Etat, il ne serait pas superfétatoire de créer à l'échelle mondiale l'Organisation Mondiale de la Démocratie, en sigle O.M.D., afin d'optimiser la démocratie. Placée sous la tutelle de l'O.N.U, elle aura pour mission essentielle d'inculquer les valeurs démocratiques et de superviser les élections dans les pays en proie aux difficultés d'enracinement de la démocratie. Le monde s'amenuisant de jour en jour, les grands problèmes qui sévissent dans certains coins de la planète causant des effets pervers doivent trouver leur règlement dans une approche transversale et extra frontalière. N'oublions pas que l'une des causes qui poussent certains de nos frères et sœurs à l'émigration, parfois au péril de leurs vies et de leur dignité, est sans aucun doute le déficit de démocratie propice aux régimes autoritaires et dictatoriaux qui écrabouillent la liberté. A l'aune de l'Organisation mondiale de la santé, de l'Organisation mondiale du commerce et de l'Organisation internationale du travail, l'Organisation mondiale de la démocratie sera une institution internationale qui pourra jouer un rôle capital dans l'enracinement de la démocratie en Afrique. Il appartient donc aux hommes et aux femmes ambitieux, épris de justice et de liberté de réfléchir aux modalités de sa mise en œuvre.

Ensuite, dans le même ordre d'idées, il faut également éduquer et former le peuple, en lui apprenant les valeurs cardinales qui fondent la démocratie et l'esprit républicain. Car, la démocratie ne se décrète pas. Elle n'est pas non plus un label ou une banderole qu'il suffit de coller au fronton d'un pays pour dire qu'il est démocratique. La démocratie est un processus, une culture. Par conséquent, elle se construit progressivement, c'est-à-dire étape par étape à l'aune d'un grand édifice dont la construction requiert du temps, des sacrifices, de la rigueur et du travail consciencieux afin de l'asseoir sur des fondations solides. Vingt-neuf ans après le Révolution française du 14 juillet 1789, la démocratie était-elle solidement enracinée en France ? Evidemment que non, puisque « sept ans après le 14 juillet 1789, la France révolutionnaire se relevait à peine de la Terreur et les partisans de l'Ancien Régime étaient sur le point de l'emporter dans les urnes. Elle a dû épuiser deux empires et deux monarchies pour que triomphent ses idées », écrivait Laurent de Saint Périer dans *Jeune Afrique n° 2971-72-73*, du 17 décembre 2017 au 06 janvier 2018. De toutes les manières, la justice étant un pilier important de la démocratie, il faut ponctuer l'enseignement de la culture démocratique avec celui de la culture judiciaire. L'épaisseur du volume des requêtes rejetées en matière de contentieux électoral au Congo est si pachydermique et marquée du sceau de l'ignorance ou de la légèreté des requérants, qu'elle doit interpeller les uns et les autres sur la nécessité de faire école en ce domaine.

Pour remédier à ce déficit de culture judiciaire et démocratique, il n'incombe pas forcément aux candidats de prendre obligatoirement une inscription dans les facultés de droit ou de sciences politiques, mais de s'imprégner des notions basiques relatives aux modalités d'exercice de l'action en justice, d'organisation et de fonctionnement de la démocratie. Ainsi, au-delà des Temples de Droit, l'autodidactie, la rue, la curiosité, le recours aux experts sont autant de moyens propices à la culture et à l'élévation personnelle. Par conséquent, il faut apprendre au peuple en général, et aux candidats en particulier, le désir d'exercer les voies de recours légales pour faire prévaloir leurs droits au cas où leurs intérêts seraient menacés et non de recourir systématiquement à la violence. Les juges courageux et indépendants existent aussi, comme l'ont prouvé ceux de la Cour suprême du Kenya en annulant l'élection présidentielle du 08 août 2017. Au Congo, comme sus-indiqué, la Cour constitutionnelle avait aussi remarquablement annulé et reformulé le résultat d'une élection législative contestée, en 2012, au détriment d'un candidat issu du parti au pouvoir. Aussi, serait-il impératif d'éduquer le peuple pour qu'il s'imprègne de l'essentiel des règles générales qui gouvernent le règlement du contentieux électoral. L'apport extérieur des juristes est vivement souhaité pour accomplir cette mission républicaine. Ainsi, l'édition et la diffusion des brochures y relatives au bénéfice des candidats avant les opérations électorales sont vivement souhaitées. Ponctuée aux campagnes de conscientisation des masses à ce sujet et relayée par les médias, cette mobilisation républicaine constituera un ressort important dans la perspective de solidifier la démocratie.

Enfin, il faut aussi éduquer les juges et aiguiser leur sens de responsabilité enrobé d'Ethique. Ce qui n'est possible que s'ils sont véritablement indépendants et dotés de moyens nécessaires pour l'exercice de leur délicate profession. C'est l'exaltation de ces valeurs qui suscitera la confiance des justiciables dans la justice et les poussera d'y recourir pour régler leurs différends. La meilleure façon de sanctionner un juge, ce n'est pas sa lapidation, encore moins sa réprobation, mais l'épuisement des voies de recours légales aux fins de rechercher la réformation ou la cassation de sa décision jugée injuste. Bref, le peuple doit toujours avoir à l'esprit que le juge n'est pas un échantillon de la perfection. Cette conception déiste du juge est illusoire et erronée. Les juges sont des êtres humains comme les autres ayant des qualités et des défauts, des moments de force et faiblesse, de grandeur et de décadence. Ils baignent dans le même environnement socio-culturel que quiconque et n'échappent pas à la pression des pesanteurs endogènes et exogènes de toute sorte qui peuvent mettre à mal leur indépendance réelle. Autant à l'égard du politique qu'à l'égard de toutes les personnes avec lesquelles ils entretiennent des rapports permanents dans la sphère sociétale. Comme disait André Gide :

« Il est dur d'être un juge. »

BIBLIOGRAPHIE :

1-René Chapus, *Droit du Contentieux administratif*, 9è édition, Paris, Montchrestien ;

2-Muriel Fabre-Magnan, *Introduction au droit*, Que Sais-je ?, Puf, 3è édition, 2016 ;

3-*La Constitution congolaise du 6 novembre 2015* ;

4-*Le Recueil de textes sur les élections*, publié par la Commission nationale électorale indépendante, édité par l'imprimerie du Journal Officiel, Brazzaville, 2016.

5-*Le Code pénal congolais* ;

6-*Le Code de procédure civile, commerciale, administrative et financière congolais* ;

7-*La Semaine Africaine* n° 3730 du mardi 03 octobre 2017 ;

8-*Jeune Afrique*, n° 2971-72-73 du 17 décembre 2017 au 06 janvier 2018.

TABLE DES MATIERES :

DROIT

AUX ÉDITIONS L'HARMATTAN

Dernières parutions

REPÈRES DE FISCALITÉ DES PROFESSIONNELS ET DES PARTICULIERS

Rock Dieudonné Landze Mbere

La fiscalité est un système de collecte et de redistribution de richesses fondée sur la contribution des ménages, des professionnels et des entreprises. Pour mieux jouer leur partition et s'orienter dans les affaires, le citoyen et le manager ont besoin des repères de fiscalité. Car, en raison de la contrainte financière, le contentieux fiscal au Congo va progressivement s'intensifier.

(320 p., 33 euros)

ISBN : 978-2-343-18620-7, EAN EBOOK : 9782140131783

LA DÉCENTRALISATION DANS LES PAYS FRANCOPHONES D'AFRIQUE DE L'OUEST

Jean-Luc Pissaloux

Cet ouvrage, constitué de contributions écrites par des universitaires, des experts et/ou des hauts fonctionnaires, démontre parfaitement combien la décentralisation est encore une sorte d'idéal-type à atteindre, et qu'elle est loin d'être une pratique effective, efficiente et efficace dans les pays francophones d'Afrique de l'ouest.

(Coll. Droits Publics, 390 p., 38,5 euros)

ISBN : 978-2-343-18272-8, EAN EBOOK : 9782140131653

L'APPLICATION DU DROIT D'AUTEUR AUX HYPERLIENS

Analyse de droit français et de droit américain

Mickaël Le Borloch

Cet ouvrage propose un travail de fond sur les droits français et américain concernant une problématique peu traitée malgré son importance pour le développement de l'internet et la protection des auteurs : l'application du droit d'auteur aux hyperliens.

(Coll. Le Droit aujourd'hui, 632 p., 49 euros)

ISBN : 978-2-343-16341-3, EAN EBOOK : 9782140131660

LES DYNAMIQUES D'INTÉGRATION EN ZONE FRANC EN LIEN AVEC LA ZONE EURO TOME II

Les nouvelles régulations économiques et/ou l'économie de l'intégration

Thimoté Dongotou

Ce deuxième tome fait des propositions sur les nouvelles dynamiques d'intégration en Afrique. Ainsi la prise en compte des partenariats public-privé (PPP) et des dimensions institutionnelles, sociales et anthropologiques est considérée comme de nouvelles régulations économiques et monétaires en Zone Franc Africaine et en zone euro. L'auteur aborde entre autres les grandes familles institutionnelles en économie ou la macroéconomie historique du courant européen contemporain

(Coll. Études africaines, 348 p., 36 euros)

ISBN : 978-2-343-13844-2, EAN EBOOK : 9782140130915

LE CONSTITUTIONNALISME EN EUROPE DE L'EST ET DANS LE MONDE ARABE

Mohamed Ibrahim Hassan
Préface du Dr Lauréline Fontaine

Bien qu'éloignés dans le temps et l'espace, les mouvements révolutionnaires est-européens de la fin des années 80 et du monde arabe des années 2010 ont en commun le constitutionnalisme qui a été le moyen immédiat de sortir du chaos révolutionnaire. S'il a été le dénominateur commun que les peuples ont utilisé pour instaurer les nouveaux régimes politiques qu'ils souhaitaient démocratiques, la singularité de chaque région et de chaque pays s'est imposée lors de la transition et de l'adoption des nouvelles Constitutions. Mais la démocratie ne se décrète pas. A l'instar de la Pologne ou de la Roumanie, les Etats arabes sont confrontés aux mêmes défis sur le chemin de la démocratisation.

(Coll. Droit comparé, 422 p., 40 euros)

ISBN : 978-2-343-17996-4, EAN EBOOK : 9782140131554

EXPÉRIENCES JURIDIQUES SUR LES DROITS HUMAINS

Marco Alberto Quiroz Vitale, Bassin Sandrine Marie-Thérèse Diringbin

Cet ouvrage collectif offre une contribution au débat sur les droits humains à la lumière des théories et de la méthodologie propres à la sociologie juridique. Parmi les questions analysées : les pratiques traditionnelles violant les droits des filles ; les violations de l'interdiction de torture dans la guerre contre la terreur ; les effets sociojuridiques de la globalisation sur le trafic humain...

(Coll. Harmattan Italia, 184 p., 28 euros)

ISBN : 978-2-336-31872-1, EAN EBOOK : 9782140131776

LA CRIMINALITÉ PHARMACEUTIQUE EN RÉPUBLIQUE DÉMOCRATIQUE DU CONGO

Une véritable menace au droit à la santé

Starmans Bofoe Lokangu
Préface de Mwayila Tshiyembe

Pendant que l'humanité assiste passivement à la criminalité pharmaceutique qui englobe la contrefaçon pharmaceutique, la fabrication et le commerce des médicaments falsifiés, gâtés, périmés, illicites ou de qualité douteuse, les patients mettent leur santé en danger. Comme instrument d'interpellation des autorités politiques et sanitaires, des professionnels de droit et de santé, l'ouvrage démontre qu'il est utopique de croire en l'exercice du droit à la santé en présence d'une criminalité pharmaceutique consacrée et institutionnalisée qui constitue une véritable menace pour lui. L'assainissement du secteur pharmaceutique et la répression dissuasive de pharmacriminels restent des mécanismes correctifs pour juguler ce fléau en RDC.

(Coll. Géopolitique mondiale, 238 p., 25,5 euros)

ISBN : 978-2-343-17537-9, EAN EBOOK : 9782140131448

LES DYNAMIQUES D'INTÉGRATION EN ZONE FRANC EN LIEN AVEC LA ZONE EURO TOME I

Les problèmes et scénarios

Thimoté Dongotou

Dans ce premier tome, Thimoté Dongotou étudie, en relation avec les crises économiques, les dynamiques d'intégration en zone franc à l'heure de l'euro. L'ensemble de l'ouvrage est construit autour de trois parties : la zone franc comme projet d'intégration et de développement économique (approches historiques et évolutives) ; les approches d'intégration par la fiscalité et les règles qui s'y appliquent ; la création monétaire en Zone Franc Africaine (ZFA).

(Coll. Études africaines, 498 p., 45 euros)

ISBN : 978-2-343-13843-5, EAN EBOOK : 9782140130908

COLLECTIVITÉS TERRITORIALES ET CINÉMA

Le droit public local du cinéma

David Chappat

Préface d'Olivier Henrard

À partir des années 1940, l'État a pris en charge la réglementation du cinéma en France pour aboutir à la création du Centre National du Cinéma. Depuis quelques dizaines d'années, c'est au niveau local que se poursuit cet effort. L'aide au cinéma permet de développer une politique culturelle, mais également de soutenir une politique sociale, éducative et surtout économique. Pour cela, une répartition des rôles s'est élaborée entre les différents niveaux de collectivités territoriales et de nombreux dispositifs ont été créés afin de couvrir toutes les activités cinématographiques. Mais la validité de certains mécanismes d'aide a été remise en cause, notamment vis-à-vis du droit européen et national de la concurrence.

(Coll. Droit des collectivités territoriales, 128 p., 14,5 euros)

ISBN : 978-2-343-18334-3, EAN EBOOK : 9782140130885

LA PROTECTION DES DROITS DES MIGRANTS

Interactions entre la protection des droits de l'hommes et la protection diplomatique et consulaire

Arafat Abi

Préface de Khadija Elmadmad

En 2018, respectivement le 10 décembre à Marrakech et le 17 décembre à New York, le Pacte mondial pour des migrations sûres, ordonnées et régulières et le Pacte mondial sur les réfugiés ont été adoptés. Premiers accords du genre, ils remplacent la question des migrations au coeur des défis. En effet, à l'heure de la mondialisation, une évidence est d'actualité : l'augmentation des flux migratoires. Et si les Etats tentent souverainement de gérer ces flux, on ne peut oublier que les droits de l'homme sont au-dessus de toutes considérations. La gestion harmonieuse et efficace des migrations doit donc être globale et prendre en compte à la fois les synergies de développement et la protection des droits des personnes migrantes.

(Coll. Le Droit aujourd'hui, 244 p., 25,5 euros)

ISBN : 978-2-343-18037-3, EAN EBOOK : 9782140130427

LES MUTATIONS CONSTITUTIONNELLES EN AFRIQUE NOIRE FRANCOPHONE

à partir des exemples du Congo, du Bénin et du Sénégal

Aimé Ange Wilfrid Bininga

Préface de Frédéric Joël Aïvo - Avant-propos de Babacar Gueye

Ce livre traite des mutations constitutionnelles dans les États d'Afrique noire francophone depuis le renouveau démocratique des années 1990. Ces mutations se manifestent au moyen de la révision constitutionnelle, des lois et règlements infra-constitutionnels, de l'interprétation des normes, de la pratique des acteurs de la vie politique et institutionnelle, de la suspension et de l'abrogation des constitutions. D'une part, elles favorisent le reflux des promesses démocratiques du début des années 1990 et d'autre part, à contresens de cette tendance, les mutations constitutionnelles participent à l'affirmation de l'irréversibilité de la dynamique démocratique.

(Coll. Harmattan Congo-Brazzaville, 360 p., 37 euros)

ISBN : 978-2-343-18410-4, EAN EBOOK : 9782140129926

SÉCURITÉ INTÉRIEURE : PROXIMITÉ ET GLOBALITÉ

Sous la direction de Franck Durand

Il est devenu nécessaire d'envisager la sécurité intérieure en termes de proximité et de globalité. Ainsi en est-il de la réforme emblématique de la nouvelle majorité : la police de sécurité du quotidien, entre présence au plus proche des citoyens et restauration de l'autorité de l'État sur le terrain. Dans le cadre de cette réforme, l'avenir du garde-champêtre, acteur traditionnel de la sécurité rurale, fait l'objet d'incertitudes. Les risques sociaux et sociétaux, les nouvelles menaces, s'inscrivent eux aussi dans plusieurs dimensions. Les rapports entre les acteurs de la sécurité reposent sur une nécessaire complémentarité. Enfin, la révolution numérique a créé un nouvel espace offrant aux prédateurs un nouveau terrain de chasse : cybercriminalité, cyberconflictualité et cyberguerre.

(Coll. Droit de la sécurité et de la défense, 186 p., 19,5 euros)

ISBN : 978-2-343-18095-3, EAN EBOOK : 9782140129100

DÉFIANCE, DOUTE, INCERTITUDE

Quelle place pour la notion de confiance dans les sociétés modernes ?

Sous la direction de Julie Tribolo

Héritières des Lumières, les sociétés modernes se caractérisent par un niveau de développement scientifique et technique toujours plus poussé. L'on pourrait s'attendre à ce que cette domination sans partage du scientifique rende les sociétés plus résilientes, mieux armées face à l'incertain, mais elle a plutôt abouti au contraire à les rendre intolérantes au doute et allergiques au risque. Dans un contexte de judiciarisation croissante des rapports sociaux, et en l'absence le plus souvent de toute certitude, comment le juge peut-il alors susciter l'adhésion des parties à ses décisions ? La confiance apparaît comme un antidote à l'incertitude.

(Coll. Droit privé et sciences criminelles, 90 p., 13 euros)

ISBN : 978-2-343-18231-5, EAN EBOOK : 9782140128677

Structures éditoriales du groupe L'Harmattan

L'Harmattan Italie
Via degli Artisti, 15
10124 Torino
harmattan.italia@gmail.com

L'Harmattan Hongrie
Kossuth l. u. 14-16.
1053 Budapest
harmattan@harmattan.hu

L'Harmattan Sénégal
10 VDN en face Mermoz
BP 45034 Dakar-Fann
senharmattan@gmail.com

L'Harmattan Cameroun
TSINGA/FECAFOOT
BP 11486 Yaoundé
inkoukam@gmail.com

L'Harmattan Burkina Faso
Achille Somé – tengnule@hotmail.fr

L'Harmattan Guinée
Almamya, rue KA 028 OKB Agency
BP 3470 Conakry
harmattanguinee@yahoo.fr

L'Harmattan RDC
185, avenue Nyangwe
Commune de Lingwala – Kinshasa
matangilamusadila@yahoo.fr

L'Harmattan Congo
67, boulevard Denis-Sassou-N'Guesso
BP 2874 Brazzaville
harmattan.congo@yahoo.fr

L'Harmattan Mali
Sirakoro-Meguetana V31
Bamako
syllaka@yahoo.fr

L'Harmattan Togo
Djidjole – Lomé
Maison Amela
face EPP BATOME
ddamela@aol.com

L'Harmattan Côte d'Ivoire
Résidence Karl – Cité des Arts
Abidjan-Cocody
03 BP 1588 Abidjan
espace_harmattan.ci@hotmail.fr

L'Harmattan Algérie
22, rue Moulay-Mohamed
31000 Oran
info2@harmattan-algerie.com

L'Harmattan Maroc
5, rue Ferrane-Kouicha, Talaâ-Elkbira
Chrableyine, Fès-Médine
30000 Fès
harmattan.maroc@gmail.com

Nos librairies en France

Librairie internationale
16, rue des Écoles – 75005 Paris
librairie.internationale@harmattan.fr
01 40 46 79 11
www.librairieharmattan.com

Librairie l'Espace Harmattan
21 bis, rue des Écoles – 75005 Paris
librairie.espace@harmattan.fr
01 43 29 49 42

Lib. sciences humaines & histoire
21, rue des Écoles – 75005 Paris
librairie.sh@harmattan.fr
01 46 34 13 71
www.librairieharmattansh.com

Lib. Méditerranée & Moyen-Orient
7, rue des Carmes – 75005 Paris
librairie.mediterranee@harmattan.fr
01 43 29 71 15

Librairie Le Lucernaire
53, rue Notre-Dame-des-Champs – 75006 Paris
librairie@lucernaire.fr
01 42 22 67 13

www.ingramcontent.com/pod-product-compliance
Lightning Source LLC
LaVergne TN
LVHW021214061026
849535LV00008B/2724